L'ART DE L'ESPRIT JOYEUX

19 rue Saint-Séverin, 75005 Paris

ISBN : 978-2-35118-715-9

Alexandre JOLLIEN
Laurent JOUVET

L'ART DE L'ESPRIT JOYEUX

COLLECTION DIRIGÉE PAR JOSÉ LE ROY

Almora
ÉDITIONS

Dédié à Loïc Parein et Bernard Campan

Remerciements

à Romina Astolfi pour son engagement,
son enthousiasme et son amitié,

à Corine, Victorine, Augustin et Céleste
pour leur amour inconditionnel,

à Michel pour son affection.

Les auteurs

Alexandre vu par Laurent

J'ai connu Alexandre en deux fois.

La première fois, c'était il y a de nombreuses années en Suisse, à la Fondation Crêt-Bérard. Il s'était inscrit à l'un de mes stages de méditation et on s'était retrouvés à la gare de Lausanne. Tout s'était bien passé, mais lorsque nous nous sommes revus, des années plus tard, il n'en avait plus le moindre souvenir. Comme quoi, je ne devais pas être un bon prof de méditation.

Nous nous sommes de nouveau rencontrés à la suite de la publication de ma traduction intégrale des 180 sermons allemands de maître Eckhart (1260-1328), qui fut un immense virage dans ma vie. Grâce au Covid (il faut bien qu'il ait eu de bons côtés…), j'ai pu consacrer mes nuits et mes jours à cette œuvre colossale. Entrant dans l'intime de l'auteur, vivant au long de la traduction les réalités spirituelles dont il parlait, allant de clarté en clarté, ces textes m'ont profondément transformé.

Peu après la publication, Alexandre me contacta : il était tombé dans le chaudron des sermons et en lisait un par jour – ou plutôt Corine, son épouse, lui en faisait un audio par jour. Cela le poussa à m'écrire. Il était à l'époque plongé dans le pire moment de sa vie. Malgré l'éloignement de ses « amis » dont il ne resta que peu et l'absence totale d'activité intellectuelle, avec l'aide de Corine, de ses enfants… et de maître Eckhart, il réussit petit à petit à sortir du marasme.

Alexandre est porteur d'un handicap qui rend ses mouvements très chaotiques et rappellent un peu les mouvements des tout jeunes enfants. Si l'on n'y prend pas garde, on a vite tendance à lui parler comme à un enfant, par réflexe. Mais ce qui m'a frappé, c'était la profondeur de son regard lorsqu'il me fixait quelques instants : toute la sagesse et les questionnements du monde s'y trouvaient.

J'ai toujours été très impressionné par sa vivacité intellectuelle, faisant des ponts improbables et pertinents, trouvant des formules frappantes, très à l'aise en public et brillantissime dans ses réflexions.

J'ai compris à quel point son authenticité dans sa faiblesse touchait les gens. Combien de fois, alors que j'étais avec lui dans la rue, des gens sont venus à lui pour lui dire à quel point ce qu'il avait écrit, ou ses conférences les avaient marqués. Je me souviens d'un jour, nous visitions ensemble le Campo Santo de Pise, noir de monde. Derrière nous, un couple de Français nous aborda avec une grande délicatesse : « Monsieur Jollien ? Nous vous avons reconnu à votre voix ! » Ils étaient pleins de gratitude et d'émotion. Je me souviens à quel point cela me remua, au point de dire à Alexandre : « Mais tu te rends compte que les critiques, c'est du vent en comparaison du bien que tu fais en parlant et en écrivant ! »

Je suis bien conscient que ce que j'essaie de transmettre, l'expérience spirituelle la plus dépouillée et la plus profonde, peut sembler à des années-lumière pour des gens qui se débattent dans leur quotidien et dans leurs problèmes psychologiques. Alexandre, lui-même plongé dans des peurs puissantes, est à même de les aider en disant des choses authentiques et vraies. D'où ce dialogue, je l'espère fructueux.

Ah oui, et puis nous avons quelque chose en commun avec Alexandre : nous aimons nous baigner dans les eaux froides par tous les temps.

Laurent vu par Alexandre

L'existence ressemble un peu à une gigantesque gare intergalactique, et c'est un miracle que nous nous soyons croisés. J'ai rencontré pour la première fois Laurent sur un quai de la gare de Lausanne. Un tortillard nous amenait à Crêt-Bérard où mon guide allait me délivrer ma première leçon de méditation. Laurent a si bien travaillé que je ne garde de ce stage absolument aucun souvenir. Des années plus tard, un mien ami me donna l'épais volume des sermons de maître Eckhart traduits par Laurent. Je traversais sans doute la pire période de ma vie et cet ouvrage allait me servir de bouée de sauvetage, de viatique, de guide. Durant six mois, je me levais chaque matin, plein d'angoisses, pour lire un sermon, ses notes, son commentaire. J'y puisais la nourriture pour la journée. Sans maître Eckhart et son traducteur, je ne sais pas si je serais là aujourd'hui. Trungpa dit qu'en matière de spiritualité il s'agit d'être comme des garagistes de l'esprit : un carrossier ne juge pas le chauffard qui lui amène une voiture bousillée, il ne blâme personne, mais il met la main à la pâte pour réparer, défroisser la tôle. Je me souviens, enfant, de la dépanneuse qui nous a ramenés à bon port lorsque nous étions tombés en panne près du village de Port-de-Bouc. Le « Touring Suisse »... J'étais émerveillé qu'à chaque kilomètre, il y ait une borne orange d'où l'on pouvait appeler au secours. Laurent est pour moi cette borne orange. H-24, je peux l'appeler, lui envoyer un SMS ou un message. Ce grand mystique du quotidien m'a jeté tant de fois des bouées. Ce cœur immense me tend toujours la main tandis que je me dépêtre dans le marasme des passions tristes.

Entre lui et moi, une immense différence.

Comme Obélix, il semble être tombé dès sa naissance dans la spiritualité. Il est imbibé de joie, de paix, de sérénité. Mon chemin est plus sinueux, aride. Je « rame » pour accéder au grand « Plouf », à la joie, à l'abandon. Pour moi, la spiritualité n'est pas un choix, mais une nécessité. Sans méditation, sans philosophie, j'aurais déjà coulé.

Avec mon acolyte, nous avons fait les quatre cents coups. Il m'a accompagné dans un monastère de Chartreux en Italie. Jamais je ne l'ai vu se départir de son calme et de sa bonhommie. Ce qui me surprend, ce qui m'émerveille, me frappe, c'est sa capacité d'être plongé, immergé, en tout temps, dans le présent. Je l'ai vu traduire du Mathilde de Magdebourg dans le TGV, dans une laverie, dans un café.

Le dialogue qui va suivre voudrait être une invitation à la spiritualité, à la vie spirituelle, un hymne à la vie, une célébration de l'amitié.

Laurent m'a proposé de tisser cette conversation alors que tout me portait au repli, au découragement. Il est venu à moi quand j'ai été tenté de me taire à jamais par peur du regard de l'autre. La conversation qui s'ouvre signe en quelque sorte une renaissance et j'aimerais exprimer à maître Eckhart, à Laurent, à ma famille, à mes amis, toute ma gratitude.

L'existence est comme une gare intergalactique, et les rencontres peuvent nous sauver.

Préface,
le sujet du livre

Ces entretiens entre Alexandre le Philosophe et Laurent le Mystique – le qualificatif le « Magnifique » étant déjà pris – ont eu lieu sous différentes formes, soit en échangeant des textos et des courriels, soit lors de coups de téléphone ou en visio, soit en live – Laurent à l'ordinateur et Alexandre couché avec le chien. Ils portent tous, dans leur spontanéité, sur la question de la spiritualité, de la psychologie et des questions fondamentales de la vie, chacun de nous ayant un prisme et des optiques différents. Là où nous nous retrouvons vraiment, c'est autour de maître Eckhart (1260-1328) et de sa mystique unitive universelle et sublime. C'est d'ailleurs lui qui nous a réunis à des moments clefs de notre vie. La question essentielle d'Alexandre, son chantier existentiel, son défi peuvent se ramasser en une poignée de mots : « La spiritualité peut-elle nous aider au quotidien ? » tandis que l'approche de Laurent serait plutôt : « De quoi sont faites la spiritualité et la mystique, et comment y cheminer concrètement ? »

Au début du projet, Alexandre était travaillé par une nécessité qu'il exprimait ainsi : « Je sors d'une expérience qui m'a complètement essoré. Comment me lancer dans un nouveau départ ? Ça me dirait bien de jouer un peu les Socrate dans ce dialogue et d'explorer les fondamentaux de la vie spirituelle pour essayer de dessiner un art de vivre et descendre au fond du fond. »

1

Définitions

1.1. Qu’est-ce que la spiritualité ?

A Tu avais une super définition de la spiritualité… Tu pourrais nous la livrer ?

L J’aime bien définir la spiritualité comme l’« art de l’esprit », puisque dans le mot « spiritualité », il y a la racine « esprit ». Mais j’aime bien rajouter l’« art de l’esprit *heureux* », car c’est tout de même la finalité de la spiritualité. Est-ce que ça te convient comme définition ?

A J’adore la formulation, parce qu’elle contient la notion d’art de vivre, l’idée de bonheur (alors qu’on associe souvent la spiritualité avec le renoncement et une ascèse mal comprise et triste). Dire d’emblée que la visée, le chemin, c’est l’esprit heureux me fait penser à Spinoza et sa maxime : « Bien faire et se tenir en joie. » À mes yeux, la spiritualité est très concrète, elle s’incarne dans l'ici et maintenant. Maître Eckhart dit souvent: «Vous pouvez atteindre l'union à Dieu [qu'on pourra définir après comme béatitude, joie, etc.] maintenant.» Il ne s'agit pas de s'attaquer à l'Himalaya en tongs, mais de descendre en soi, de descendre au fond du fond, de se dépouiller des conditionnements – comme tu dis souvent – d'aller dans l'être.

L Oui, d'ailleurs Eckhart va dire, ce qui est très étonnant, à ces béguines qui l'écoutaient:

> *«Vous ressentirez cette joie du fond avant même de sortir de l'église» (sermon 66).*

Cela pose bien que la spiritualité, c'est une expérience de joie et qu'elle est éminemment accessible, puisqu'en écoutant simplement le message d'Eckhart, elles vont pouvoir «toucher» cette expérience.

A Tu dis souvent qu'il y a un mythe chez les concessionnaires de la spiritualité qui laisse accroire qu'un jour – dans longtemps – on atteindrait l'«éveil», et maître Eckhart contrecarre cette illusion en disant: «Voilà, c'est accessible à toutes et tous, tout de suite.»

L Absolument. On trouve cette idée que, si on se représente l'expérience la plus profonde que l'on puisse faire avec son esprit, on la situe dans un ailleurs, dans un beaucoup-plus-tard, peut-être dans une autre vie, comme j'ai déjà entendu. J'ai déjà entendu des choses du genre : « Ah oui, il faut beaucoup travailler cette vie, et peut-être que dans une autre vie on aura l'éveil. » Mais à force de mettre l'éveil loin de soi – ou l'union à Dieu, parce que tout cela est synonyme –, eh bien, on le rend inaccessible.

A Eckhart, notre maître à tous et le fil conducteur de cet ouvrage de mille pages [rires], dit bien que la spiritualité est destinée à chacune et à chacun. Trop souvent, elle semble réservée à des privilégiés, à des *happy few*. Combien d'ouvriers, de maçons peuvent se permettre de participer à un séminaire de spiritualité ?

L Alors oui et non, parce qu'il n'y a pas plus tard qu'avant-hier, je donnais un stage et j'avais un charpentier.

A Oui, mais c'est l'exception…

L Je ne pense pas, non. C'est aussi, évidemment, beaucoup une question culturelle, mais là où tu as raison, et on reviendra là-dessus : la spiritualité n'est pas réservée à un loisir, à une sorte de snobisme culturel. On trouvera peut-être moins le charpentier dans des stages de spiritualité coûteux, mais il y a tous ceux qui achètent des livres et regardent des vidéos sur Internet.

A Quoi qu'il en soit, je rêve que la spiritualité se démocratise toujours davantage. Ce qui me plaît chez maître Eckhart, c'est qu'il s'adressait à tout un chacun, ce qui constitue une dimension précieuse de la spiritualité : universelle, elle n'exclut personne.

L Ah oui ! Et d'autant plus que la spiritualité est universelle : elle doit par nature être accessible à un bébé qui vient de naître, à une personne âgée qui ne sait plus où elle en est, à une personne handicapée mentale, à quelqu'un qui n'a pas toutes ses possibilités. C'est évident que la spiritualité est accessible à ces personnes, par essence, par nécessité. Si on fait dépendre l'expérience d'une capacité à comprendre intellectuellement quelque chose, ou à tenir des postures extraordinaires, on est mort…

A Justement, la spiritualité, c'est rejoindre ce que nous sommes déjà au fond du fond. Plus que rajouter un truc qui serait adventice, superficiel ou extérieur, il s'agit de se désencombrer, c'est un chemin vers soi.

L Absolument. Et c'est cela qui est le plus essentiel dans la spiritualité : *c'est déjà là*. C'est déjà là et donc on n'a pas d'effort à faire pour que ça vienne en nous. Le problème du « ça vienne en nous », c'est que cela semble tributaire d'une « grâce » arbitraire, et ça, c'est incompatible avec la spiritualité. C'est là… C'est là, et c'est accessible tout le temps. La seule chose qu'on a à faire, c'est d'enlever un certain nombre de choses en trop…

A Oui, les conditionnements…

L … Oui, ces « choses en trop » sont en fait des conditionnements, les identifications, les attachements.

A Ce qu'il sera important de traiter, c'est comment incarner la vie spirituelle – c'est le thème du livre – au quotidien.

L Voilà ! Et ça, c'est ce qu'on verra dans les chapitres qui viennent.

A Il faudrait aussi distinguer vie spirituelle et vie religieuse.

L Ça aussi, c'est un sujet qu'on abordera. Faut-il être religieux pour être spirituel ?

A Déjà, on pourrait revisiter le terme de « religion » en partant de l'étymologie : « relier ». Ce mot est souvent *relié* à quelque chose d'écrasant, de formaté, de dogmatique. Chemin faisant, pourquoi ne pas faire un petit tour d'horizon de différents courants ?

L Ça me rappelle Henri Le Saux, qui est ce fameux moine bénédictin qui est parti en Inde et qui dit à un moment une phrase assez triste, mais hélas très vraie : « Ce qui nous sépare du Christ, c'est l'Église. »

A Donc, commençons par le commencement. Tu définis la spiritualité comme l'art d'être heureux ?

L Oui, l'art de *l'esprit* heureux. C'est une nuance importante.

A Et d'emblée, la question du corps et de sa place surgissent, puisqu'on parle d'*esprit* heureux.

L On peut tout de suite dire que le corps a une place centrale parce que dès qu'on fait une distinction entre le corps et l'esprit, on tombe dans une dualité que, de toute façon, il faudra laisser tomber. C'est avec le corps *que je suis*, en accueillant le corps *que je suis*, avec les sensations qu'il a que je vais pouvoir entrer au plus profond de l'esprit.

A Comment définis-tu le concept de dualité ?

L La dualité, c'est ce que va dire Eckhart tout le temps, c'est ce qui nous sépare de l'union à Dieu. C'est ce qui me sépare de l'« un » en moi.

A La dualité, c'est quand on se retranche de tout, en disant « moi, je ».

L On peut comprendre la dualité à des tas de niveaux, évidemment. Mais le niveau le plus simple, c'est la distinction entre le sujet et l'objet. C'est « moi » sujet et « Dieu » objet, ou bien « moi » sujet, « mon corps » objet, ou « le monde » ou « l'autre » comme objet. L'agent de cette distinction dualiste, c'est l'ego, la somme de mes conditionnements qui veut me faire croire que je suis séparé du monde.

A On peut dire que lâcher l'ego peut faire peur. Un instinct de survie me ligote à cette illusion.

L Il faudra tout un chapitre pour voir « ce qu'il faut lâcher » et si ce détachement doit faire peur. C'est aussi un sujet que nous voulons aborder.

A Faut tout lâcher !

L Oui, faut tout lâcher, car comme dit Eckhart, c'est lorsque je suis vide de moi-même que je suis plein de Dieu.

A Justement, ce n'est pas une privation, mais une plénitude.

L Oui, une plénitude, exactement.

A Une sorte de méga-disponibilité…

L Oui, une sorte d'hyper-disponibilité, c'est ça, c'est une ouverture totale, une conscience large et éveillée. C'est exactement le contraire de se sentir perdu dans l'espace intersidéral.

A Donc la spiritualité, c'est plutôt se déformater, désapprendre, nous libérer…

L Ben oui, se déconditionner, se désidentifier.

A C'est fascinant. Souvent, on envisage avec Marx la religion comme l'opium du peuple, le lieu par excellence où on se la raconte, un mythe, alors qu'au contraire, c'est un chemin de vérité totale.

L Oui, c'est un chemin de libération absolue, puisque je me libère de ce que je crois être. Il y a un terme que l'on utilise volontiers, qui est le terme de *désidentification*. J'arrête de m'identifier à mes personnages, à la Porsche que j'ai dans le garage, et à ce que je fais. C'est-à-dire, si je suis banquier et que je me définis comme banquier. Mais c'est faux, tout ça est faux.

A D'où la question de Ramana Maharshi : « Qui suis-je ? »

L « Qui suis-je *vraiment* ? » Voilà la vraie question. J'emploie aussi la formule (comme Ramana) : *Qui* pense ? *Qui* est conscient ? *Qui* se met en colère ?

A Je ne suis pas les rôles que je m'évertue à remplir… Par peur du vide, finalement…

L Et surtout beaucoup par les conditionnements qui sont venus de la famille, de l'école, de la société, qui sont des injonctions à nous donner des rôles. On attend que je sois le bon père, on attend que je sois le bon prof, etc.

A La spiritualité, c'est aussi se libérer des « passions tristes », comme dirait Spinoza, des émotions perturbatrices : la peur, l'envie, la jalousie, le ressentiment, ce qui plombe, en un mot. C'est une sacrée ouverture.

L Oui, et d'ailleurs ça se rapproche aussi de ce que disait Arnaud Desjardins. Il parlait des émotions – on retrouve là ce qu'on désignait sous le nom de « passions tristes » dans tous les textes anciens. L'émotion est une réaction au monde. Je vois une situation et il y a de la jalousie qui se lève en moi. Mais tous ces réflexes sont à revisiter pour les désamorcer.

A Oui, il faut déjà les repérer.

L Oui, les voir et savoir dire « eh bien non, je ne veux plus me laisser entraîner, lorsque j'en suis conscient ».

A Oui, parce que la ruse de l'ego, c'est faire croire que c'est une fatalité, que c'est moi qui suis comme ça, que ma personnalité est bâtie ainsi.

L Oui, le problème, c'est de croire que c'est taillé dans le marbre pour l'éternité. Et tu as tout à fait raison d'employer le mot de « fatalité » parce qu'il y a beaucoup de gens qui croient : « Voilà, c'est ma fatalité d'être angoissé, c'est ma fatalité de me mettre facilement en colère, et donc je ne peux rien. » Parfois, j'entends des gens qui disent : « Ah ben moi, de toute façon, je suis comme ça, je ne pourrai pas changer. » Mais une fois qu'on a compris, grâce aux neurosciences, que le cerveau est plastique jusqu'à la fin, c'est une chance énorme pour se transformer. Rien n'est figé pour l'éternité.

A La dialectique, l'équilibre, c'est à la fois s'aimer comme on est tout en avançant dans le progrès. C'est hyperdifficile d'avancer sur ce chemin de crête. Le réflexe du « Je suis comme je suis, allez vous faire voir » connaît des limites, mais comment ne pas tomber dans le « Je ne m'aime pas. Je voudrais tellement être quelqu'un d'autre ». C'est carrément de l'équilibrisme !

L C'est justement là que la spiritualité va nous aider, parce que le point de vue de la spiritualité est beaucoup plus profond. La spiritualité revisite la psyché du dedans par « en dessous ».

A Quand tu évoques *la* spiritualité, tu parles de quoi ? Parce qu'entre un bouddhiste, un soufi, un chrétien…

L Alors ça, c'est le chapitre n° 1 [rires] : « Y a-t-il des différences entre les spiritualités ? » Pour y répondre rapidement : Ou bien la spiritualité est absolument universelle et elle est partagée par tout le monde, ou bien c'est un folklore purement culturel. Si toutes les religions et les spiritualités qu'on connaît, et celles qu'on ne connaît pas, ne mènent pas vers ce lieu unique, c'est qu'elles ont leur propre but en elles-mêmes. Elles ne sont plus universelles.

A J'ai l'impression que ce qui différencie la philosophie de la spiritualité, c'est le rôle de la raison. Dans beaucoup de philosophies, on lui accorde les pleins pouvoirs et on nourrit l'illusion qu'à coup de volonté, de raisonnement et de logique, on va s'en sortir. La spiritualité procède plutôt d'un art de vivre qui prend en compte tout l'être et s'incarne dans une pratique.

L Totalement. C'est le problème de la philosophie par rapport à la spiritualité, c'est de vouloir parfois enfermer la spiritualité dans des concepts. Or, c'est justement le problème de la spiritualité, c'est qu'on est dans le domaine de la non-dualité, et que dans ce domaine, il n'y a pas de langage : on ne peut pas mettre les choses en mots. On peut utiliser la poésie, on peut utiliser les métaphores. Mais l'expérience et même Dieu, qui est synonyme de cette expérience, sont des réalités dont on ne peut pas parler. Comme dit Eckhart :

> *« Dieu n'est ni ceci, ni cela »*
> *et « Tout ce qu'on peut dire sur Dieu est faux ».*

1.2. *Qu'est-ce qu'une vie spirituelle ?*

A À mes yeux, la vie spirituelle consiste *à suivre la boussole intérieure*. Elle se traduit par un art de vivre, des actes. Il existe une circulation entre ce que je fais et ce que je vis. Aristote est précieux. Il enseigne que c'est en pratiquant la vertu que l'on devient vertueux. La question du moteur est aussi vitale : Quelle est la boussole qui m'aide à avancer, à progresser ? Les philosophes antiques se considéraient comme des progressants, j'adore. Quand j'étais à l'institut, cette intuition m'a beaucoup aidé. Comment inscrire le quotidien dans une dynamique, comment progresser ? Et justement, la spiritualité, pour ne pas errer dans l'abstraction platonicienne, doit être concrète. Comment inaugurer, pour chacune et chacun, un itinéraire spirituel ? Comment vivre « sans pourquoi », comme disait maître Eckhart ? Qu'est-ce que : « Se lancer dans une vie spirituelle » ? Comment congédier la peur, l'impression qu'il faut fatalement enfiler la robe de bure, renoncer au monde et prononcer le vœu de chasteté ? La vie spirituelle, c'est participer au monde, *faire corps* avec son corps, avec tout son être… Mais quel est le point de départ ?

L Là, tu as posé plein de questions essentielles.

A C'est le but. Comme écrire m'est difficile, je tire des cartouches et on part de là [rires].

L Dans ce que tu as dit, il y a des choses sur lesquelles on peut rebondir. Déjà, la *présence au monde*. Les formes qu'ont prises les voies spirituelles : être moine, être *sannyasin* (« renonçant »), ermite, moine errant, etc., ne sont que des formes possibles. On se gargarise de l'expression « quitter le monde », mais dans les monastères, on ne fait souvent que recréer d'autres microsociétés. Henri Le Saux, parlant de l'ashram qu'il avait fondé avec le père Monchanin, dira bien : « Tous ces moines renoncent à la communauté des hommes, mais ils fabriquent une communauté de renonçants qui établissent de nouveau des hiérarchies, et qui leur permettent de s'enorgueillir en espérant être reconnu comme des renonçants. » On reproduit exactement la même chose qu'à l'extérieur. C'est un peu plus protégé, c'est tout. L'autre vision, c'est que ma spiritualité peut être noyée dans mon expérience du monde. Le boulot, la femme, le mari, les enfants, la voiture, ce n'est pas du tout ce qui empêche de vivre une vraie vie spirituelle. La vie spirituelle, c'est un regard plus profond, c'est rejoindre le « fond » de l'être et de vivre à partir de là sa vie de tous les jours. Ce que je trouve de vraiment intéressant sur ce que tu as dit de la boussole…

A Le *on*, l'éducation, la société m'ont toujours appris à suivre des injonctions, rarement à écouter la boussole intérieure pour glaner une autonomie, bâtir une liberté. Des esprits chagrins ont peut-être instrumentalisé la spiritualité et la religiosité pour nous téléguider. Revenir à la boussole intérieure, c'est inaugurer une liberté… qui peut faire peur !

L Moi, ce que j'entends dans ce que tu dis, ta boussole intérieure – qui n'est pas de l'ordre du surmoi de M. Freud – c'est l'Esprit-Saint. C'est la vie divine en moi qui a envie de sortir et de me mener vers un mieux pour moi et ceux et celles qui m'entourent.

A Je trouve que le pire blasphème, le blasphème contre l'Esprit, c'est perdre confiance, ne plus croire que l'on peut écouter notre voix, intime, intérieure, avoir toujours besoin d'un médiateur, l'Église ou que sais-je, pour nous guider. À la fin, le rapport à soi est faussé. L'innocence a disparu. On nous fait croire que nous nous enlisons dans le fantasme et l'ignorance si on s'écoute. C'est un conditionnement.

L On peut penser à Ignace de Loyola, avec le « discernement des esprits ».

A Oui, Ignace que j'aime beaucoup, et toi moins [rires].

L Le « discernement des esprits », c'est le courage de croire qu'en moi il y a une instance plus profonde que moi qui veut le bien.

A Et comment tendre l'oreille à cette intériorité ?

L Pour moi, la chose essentielle – on le reverra dans les pratiques –, c'est de passer par le corps que je suis, parce que je ne suis pas « autre chose » que mon corps. On dit que le corps est habité par l'esprit, mais dire

« habité », c'est déjà trop. C'est le passage par le corps, c'est-à-dire par la réalité de ce que je suis qui me permet de rentrer dans la vérité de mon fond.

A J'ai toujours rêvé de suivre un apprentissage à la vie spirituelle. J'aurais adoré un temps rentrer dans les ordres, suivre une discipline à fond. Aujourd'hui, je sens que rien ne manque dans l'intériorité. Le défi, c'est d'avoir le courage de quitter les échafaudages et plonger en Dieu, comme dirait maître Eckhart. Paradoxalement, ce saut dans la confiance peut donner lieu à un sentiment de solitude : je n'ai plus besoin des conseillers, des pères spirituels, des maîtres en sagesse…

L Ça, c'est une vraie question. Ce que je dirais, moi, c'est qu'on peut toujours écouter. Parce que dans le discours des maîtres, de ceux qui écrivent, etc., je peux reconnaître mon expérience. Ou pas. Et si on me dit quelque chose, chez n'importe quel maître, et que ça ne me parle pas, c'est que c'est pas ça. Ou pas ça pour moi à ce moment-là. La question « vers quel maître me tourner pour trouver la bonne voie spirituelle ? » me semble biaisée. Beaucoup de traditions (sinon toutes) vendent l'idée selon laquelle il FAUT un maître spirituel sous peine d'errer dans l'erreur. Mais j'ai toujours eu un doute là-dessus. Ce qui est certain, c'est que ce sont les disciples qui élèvent leur enseignant au rang de gourou, et si le gourou n'est pas à la hauteur, son ego spirituel peut le piéger. Récemment, une femme qui était en chemin depuis longtemps et qui était entrée dans un groupe autour d'une personne très charismatique avait commencé à avoir des doutes, qui se sont confirmés lorsque le gourou a posé la question : « Où vas-tu trouver l'illumination ? » Cette femme a répondu : « Eh bien... en moi... » Réponse du gourou : « Non, en *moi.* » Le même gourou avait aussi dit à cette femme que si elle venait l'aider dans son nouveau centre au Canada, « l'éveil, ce serait pour elle ».

A C'est de l'emprise, ça sent la secte... Nietzsche dégage la voie : « N'aie cure de n'être fidèle qu'à toi-même et tu m'auras suivi. » Mais comment savoir si on ne patauge pas dans l'erreur lorsqu'on « se suit soi-même » ?

L La question, c'est *qui* on suit. Parce que chez Nietzsche, c'est la raison... Alors que chez Eckhart ou dans la spiritualité, c'est autre chose. C'est l'intuition profonde de la présence d'un absolu. Elle est très simple, l'intuition profonde : c'est ce qui demeure au fond de nous et qui est à révéler. On peut appeler ça « Dieu », mais c'est surtout un amour inconditionnel. Et du coup, ça simplifie tout !

A Oui, mais lorsque nous avons appris à nous en remettre à un tiers, à un prêtre, à un pasteur, ou que sais-je, il est difficile d'écouter et de suivre ce « soi-même » sans s'accuser d'égoïsme ou d'égocentrisme. C'est paradoxal et magnifique : le chemin spirituel est un retour à soi, mais sans narcissisme, sans égocentrisme.

L Oui, c'est un peu le problème que je rencontre lorsque je parle de la Trinité et où je rappelle que « le Père engendre son image, le Fils, il se contemple et il s'aime ». Et j'ai toujours quelqu'un pour me dire « mais c'est du narcissisme ! »

A Mais je te le balance aussi cet argument *knock-down* ? [rires].

L Oui, d'ailleurs, c'est toi qui l'avais relevé. C'est du narcissisme quand on est au niveau de la psyché, mais pas quand on est au niveau de l'être.

A Oui…

L L'être lui-même s'aime, et c'est ça l'amour de Dieu, un amour totalement inconditionnel.

A C'est la vie qui s'aime elle-même, et non un « moi, je » nombriliste.

L Il n'y a pas de « moi, je » ou alors c'est le grand Moi, qui est une distinction qu'on peut utiliser. On peut distinguer le « petit moi », le petit moi de l'ego qui se définit par les images auxquelles il s'identifie, et le « grand Moi ». En Inde, on va parler du « soi » (minuscule) et du « Soi » (majuscule), mais c'est exactement la même chose.

A Nietzsche parle de « voyager sans bagage ». Voilà la première étape : repérer ce que je dois déposer. Souvent, nous sommes conditionnés à penser le contraire. Le réflexe, c'est de se demander ce que je dois prendre avec moi pour faire route. Dans la spiritualité, il s'agit de déposer. Eckhart, dans le sermon 1, mentionne le « temple vide ». C'est magnifique. Ne pas marchander avec Dieu, voir ce qu'on doit liquider de cette intériorité pour être à l'écoute.

L Le problème, c'est qu'on s'identifie toujours aux conditionnements qu'on a – et pas aux conditionnements que l'on est, parce que je ne suis pas mes conditionnements. C'est un travail qu'on peut faire. Le déconditionnement, c'est un sujet que l'on trouve aussi dans le *Yogasûtra* et dans le *Samkhya*. Le déconditionnement, c'est la *conséquence* de l'unité. Eckhart va dire que c'est très simple : on descend au fond de soi et « mon fond est le fond de Dieu ». C'est de ce lieu-là que va venir la transformation. Visiter mon fond le plus profond me transforme et me déconditionne petit à petit. J'aime bien utiliser l'image suivante : les conditionnements sont comme un brouillard et quand il y a du soleil, les conditionnements se dissipent. Quand on parle de conditionnement, d'ailleurs, il faut distinguer entre les conditionnements « normaux » (je ne peux pas changer ma date de naissance ni la couleur de mes yeux) et ceux qui sont des obstacles (j'ai toujours été nul, personne ne m'aime, etc.).

A Quand on parle de « chemin spirituel », il y a toujours des écueils. Par exemple, s'accrocher à la destination, se juger : « Je ne suis pas assez avancé. » Figer le chemin alors qu'il s'inaugure tous les jours. J'aime beaucoup le soufisme qui distingue les *états* et les *étapes*. Nous pouvons nous trouver dans un *état* spirituel qui paraît désespéré, et pourtant, cette *étape* nous grandit. Cette distinction m'aide énormément. On peut parler du chemin spirituel comme métaphore, il n'y a rien de fixe. Ce n'est pas un sentier battu.

L En fait, c'est le flux de la vie. Rencontrer ce qu'il y a de plus profond en moi modifie ma vie dans un sens qui sera : le chemin d'aujourd'hui. Aujourd'hui, la rencontre avec le fond va m'orienter dans une direction à laquelle je n'aurais pas du tout pensé. C'est pourquoi il y a beaucoup de chemins très balisés, comme on les voit hélas chez Ignace de Loyola ou chez d'autres. On y représente le chemin avec des étapes obligées, comme chez Jean de la Croix, avec le désert, la nuit, etc. Tout ça est à relativiser parce que c'est toujours *ma* vie dont il s'agit.

A C'est pourquoi la métaphore de la boussole me paraît préférable à celle de la carte qui indique une feuille de route toute tracée. La boussole, c'est ici et maintenant. Qu'est-ce qui est le plus juste ? Qu'est-ce qui jaillit de soi, finalement ?

L La boussole est la bonne métaphore, tout à fait. Il y a aussi la métaphore de la montagne et on peut la gravir de n'importe quel côté. Mais je trouve que la boussole rend bien l'idée de « on y va », mais on ne sait pas où on va, on sait juste dans quelle direction on va, maintenant. Et ça peut changer.

A D'ailleurs, il ne faudrait pas fixer, figer le Nord. La boussole suggère une direction sans la figer. Ce n'est pas un but, un impératif.

L C'est toute la question du but. Le fond du fond, c'est de revenir dans ce que je suis profondément. Le zen dira : revenir dans ma nature première.

A Oui, pour vivre, exister à partir de ce fond.

L Ça serait ça l'une des finalités.

A Nous sommes comme aliénés, étrangers à nous-mêmes, déterminés par mille et une injonctions qui nous téléguident. D'où la nécessité d'un retour à soi, à plus grand que soi. Jaillir à partir de là, exister véritablement…

L Je trouve cela très juste comme manière de penser. Aller au fond pour y trouver quelque chose qui va de plus en plus me libérer.

A Il s'agit d'une conversion plus que d'une repentance.

L Ce sont d'autres catégories, on est d'accord [rires].

A Se convertir, c'est revenir à soi et exister à partir de Dieu, finalement.

L Si on prend le mot « conversion » dans son sens technique, la *metanoia* en grec, c'est se retourner. Cette *metanoia* est particulièrement claire dans le contexte chrétien, où l'homme se détourne de Dieu (ce que l'on a appelé de façon assez malheureuse le « péché originel »). La *metanoia*, c'est de revenir dans la bonne direction. Mais ce n'est qu'une manière de le dire. Dans notre vie, ce qui nous détourne de l'essentiel de nous-mêmes, c'est tout ce qu'on appelle l'ego, etc.

A Et on est loin des recettes de cuisine, des modes d'emploi : c'est un chemin singulier, l'expérience unique et universelle de l'ici et maintenant. C'est génial ! Eckhart parle d'un retour à soi, mais en même temps, sans identification à un moi social - d'où sa fameuse formule : On n'est ni Konrad, ni Heinrich (sermon 64). Nous sommes infiniment plus profonds que nos rôles.

L Parfois, j'ai des stagiaires qui ne comprennent pas la distinction. Une fois, en présence d'un théologien réputé, j'ai expliqué comment on pouvait faire « un » avec un paysage, sans activité mentale, simplement en l'« absorbant » ; on expérimente alors que « je suis le paysage », « le paysage c'est moi », « le paysage me regarde ». Il n'y a plus rien qui regarde quoi que ce soit, il n'y a plus d'objet, il n'y a plus de sujet. C'est une expérience qu'on appelle le *samadhi* dans le *Yogasûtra*. C'est une expérience d'union avec les choses. J'ai dit que dans cet état-là, je ne suis plus ni homme ni femme, ni vieux ni jeune, ni asiatique ou européen, ça n'a plus aucun sens. Lorsque je regarde le paysage, et que le paysage s'est inscrit en moi, je n'existe plus en tant qu'individu caractérisé. Mais ça, le théologien ne pouvait pas l'entendre, il voulait garder la « personne » inaliénablement spécifique.

A Le malheur, c'est que nous nous accrochons tellement à ces étiquettes, ces caractéristiques.

L En fait, c'est la peur de « qu'est-ce que je suis lorsque je ne suis plus ceci ou cela de particulier ? ».

A Ce constat peut conduire à la liberté aussi. Ce qui fait peur peut également ouvrir à l'éveil. Repérer que je ne suis pas « ça » (limité et caractérisé), je suis beaucoup plus vaste, plus libre.

L Et je suis beaucoup *plus* que ça. C'est une ouverture : on va vers la béatitude, on va vers l'élargissement, on va vers l'infini.

A Quand tu parles de *samadhi*, ça m'évoque les mots d'Eckhart, l'« œil », etc.

L Oui, c'est dans le sermon 12 :

> *« L'œil avec lequel je regarde Dieu, c'est le même œil avec lequel Dieu me regarde, un seul regard, un seul amour, une seule connaissance. »*

C'est typiquement l'expérience d'union, dans la non-dualité.

A Il existe mille ponts entre les traditions…

L C'est ce que l'on verra dans la question suivante : « Y a-t-il des différences entre les spiritualités ? » C'est là que l'on touche ce qui est universel et ce qui est culturel, finalement.

A Donc, la vie spirituelle procède d'un déménagement intérieur. Tandis que je peux m'emprisonner dans des points de repère, dans une situation sociale, dans ce que je crois être, la vie spirituelle m'invite à descendre dans un lieu où il n'y a plus d'étiquettes.

L Tout à fait.

A Mais comment vivre socialement sans s'identifier à ces étiquettes ?

L La vie spirituelle ne change pas la donne physique et sociale : nous allons rester tous les deux des êtres masculins.

A Oui, c'est magnifique ! Maître Eckhart n'est pas du tout déconnecté, c'est un guide incarné qui avait des fonctions religieuses et sociales.

L Avec la vie spirituelle, on va continuer à fonctionner tout à fait normalement. La question est celle de la désidentification. Je fonctionne comme ceci ou cela, parce que c'est mon état et qu'il m'est donné aujourd'hui dans mon contexte, tu es père, je suis père, on est père, mais je ne m'identifie pas uniquement à cela.

A On ne carbure plus à l'ego, mais on vit à partir du fond qui est universel.

L Mais dans la vie, on garde nos caractéristiques propres, parce qu'on est dans ce corps-là, qui fait tel poids, telle taille.

A Ces conditionnements sont comme des habits, des vêtements. D'ailleurs, Eckhart parle souvent de nudité intérieure.

L Oui, il dira qu'il faut saisir Dieu là où il est dépouillé de tout, là où il est nu, là où il n'est plus habillé par ceci ou par cela.

A Quand on rencontre un être, on voit bien qu'on lui accole *illico* des étiquettes pour le situer, l'insérer dans un cadre. Mais une vraie rencontre se situe bien au-delà.

L La vraie rencontre, c'est d'accueillir la personne qui est là, sans aucun jugement, l'accueillir telle qu'elle est. C'est faire l'expérience du *samadhi* avec un individu.

A Donc la spiritualité, c'est un truc d'expérience, de regard, de vision, de rapport à l'autre.

L Le fond du fond qu'on n'a toujours pas nommé, c'est la *conscience*. Pas la conscience morale. Mais le fond du fond, que Eckhart va identifier à Dieu, c'est le fait qu'il y a de la conscience et que nous avons une conscience qui est partie de la conscience… on va dire divine pour faire simple : quelque chose en moi est pure conscience, et cette conscience aimante est la source du monde…

1.3. Y a-t-il des différences entre les spiritualités ?

L On connaît beaucoup de spiritualités aujourd'hui, il y a les spiritualités de l'Inde, de l'Extrême-Orient, les nôtres en Occident. Il y a aussi celles du Moyen-Orient, si on pense au soufisme, par exemple. Il y a beaucoup, beaucoup de traditions spirituelles. Est-ce qu'elles ont toutes un même fond, ou bien est-ce qu'elles mènent ailleurs, les unes et les autres ? La vraie question à mon avis, c'est que tant qu'on n'a pas vu l'unité profonde de toutes les spiritualités, on n'a rien vu du tout, même dans sa propre spiritualité. À partir du moment où on a vu l'unité profonde qui règne entre toutes les spiritualités, on est capable d'aller dans la sienne et de l'approfondir. Qu'est-ce que tu en penses ?

A Oui, je n'aurais pas mieux dit [rires]. Plusieurs dangers guettent. D'abord, le dogmatisme. Je n'ai eu de cesse d'approfondir le lien entre le zen et le christianisme.

Souvent, j'ai eu l'impression d'avoir le cul entre deux chaises. Les bouddhistes me disaient : « Mais pourquoi tu as besoin de croire en Dieu ? » Et j'ai trouvé beaucoup d'animosité chez certains chrétiens qui rappelaient la parole de Jésus : « Je suis la voie, la vérité et la vie », sous-entendu la *seule* voie. Il faut comprendre qu'au début du christianisme, et c'est vrai aujourd'hui encore, la religion chrétienne s'apparentait à une voie, précisément un *dharma*, un chemin, un art de vivre. Sans tomber dans le syncrétisme, il est urgent de créer des ponts entre les religions. Le christianisme n'est pas un bloc monolithique, il existe divers courants, différentes mystiques, une infinité de possibilités de le vivre.

L Oui, évidemment. Là, tu as tout à fait raison. On pourrait avoir une attitude en se disant : « Bon, ça suffit toutes ces religions qui se tapent sur la gueule et qui ont fait des millions de morts », et on mettrait tout dans le même pot et on en tire une sorte de pratique où on chante « Hare Krishna, Ave Maria », etc. Ça, c'est vraiment du syncrétisme, c'est-à-dire qu'on reste au niveau des formes et on mélange tout. Le plus essentiel est de comprendre ce qu'il y a *dessous*. Est-ce qu'il y a une expérience de fond ? Là où tu as tout à fait raison, c'est le danger absolu du religieux et du dogmatisme, et de l'autre côté, le syncrétisme qui mélange tout de manière superficielle.

Mais d'abord, je crois qu'il faut faire une grosse différence entre les *religions* et les *spiritualités*. Elles sont souvent en opposition. Même à l'intérieur du christianisme, par exemple, Eckhart défend une spiritualité, même si à l'intérieur de son milieu, il s'est fait taper sur les doigts. On a toujours regardé Thérèse d'Avila d'un petit air soupçonneux parce qu'elle avait une spiritualité très forte, mais il y avait le dogmatisme de l'Église derrière. Et tous les gens qu'on a cramés, comme cette pauvre Marguerite Porete qu'on a brûlée en 1310 à Paris parce qu'elle avait écrit un ouvrage sublime qui s'appelle *Le Miroir des âmes simples et anéanties*, et qui est extraordinaire. Il y a une tension entre les spiritualités et les religieux, et dans toutes les religions ça se voit, même dans le bouddhisme. Dans l'hindouisme, on voit tout à fait qu'il y a une tension entre les religions instituées qui ont une espèce de pré carré auquel on ne touche pas et puis les gens qui ont un contact immédiat avec la réalité profonde. J'ai une analyse simple sur cette tension entre spiritualité et religion. Il y a le modèle religieux où le divin est à distance et le prêtre, entre peuple et divinité, fait l'interface. C'est le modèle de toutes les religions avec prêtre. Alors évidemment, le divin est trop loin : on ne l'atteint jamais. En revanche, le mystique débarque la plupart du temps à l'intérieur de la caste des prêtres et il dit : « Tout ça, c'est du pipeau, le divin est en moi, et je vais vous aider à y aller vous aussi. » Évidemment, les prêtres zigouillent le mystique et les successeurs du mystique fabriquent une nouvelle religion. C'est un mécanisme que l'on voit très souvent, et pas seulement dans les religions. On voit cela aussi dans les ordres monastiques. Quand il y a des réformes, ça se passe comme ça aussi. Donc le dogmatisme, qui est un enfermement, une prise de possession et le syncrétisme qui est : on met tout ensemble, mais on ne va pas chercher au fond. C'est un peu la démarche du New Age.

A La spiritualité, c'est d'abord une pratique. La religion, également. Mais la pente qui conduit au dogmatisme est sacrément glissante : le fidèle doit adhérer à des croyances. Souvent, ces croyances sont inculquées de dehors. Sénèque est d'un grand secours quand il écrit : « Si on met une bouture dans un pot et qu'on le change tous les jours, elle ne grandit pas. » Et : « Si on essaie tous les jours un nouveau traitement pour une blessure, une plaie, elle ne va pas guérir. » La spiritualité, c'est une pratique au quotidien et non un supermarché où on fait ses courses.

L Ah ben voilà, ça, c'est la bonne image pour le syncrétisme.

A Qu'il y ait des ponts, une circulation entre les pratiques, c'est nourrissant.

L C'est ce qu'ont essayé de faire beaucoup de gens, comme certains jésuites, mais c'est un peu de la récupération, quand ils vont faire faire du zen au Japon ou en Corée, et puis qu'après ils disent : voilà, on fait la synthèse. Ou même Le Saux, qui a essayé de faire un pont, mais en fait c'est faux. D'abord, il est parti en disant : on va apporter le Christ à ces pauvres malheureux, et à la fin de sa vie, il était toujours prêtre, il célébrait toujours la messe, mais il était complètement pris dans le langage des Upanishad. Ce que je trouve intéressant. Il a une phrase très forte, il dit qu'il aimerait bien faire le pont (entre christianisme et hindouisme), mais le problème, c'est que les deux rives sont lisses et qu'on ne peut donc pas y accrocher un pont. Il n'y a pas de pont possible. À mon avis, on peut voir ce qui se répond, qui résonne d'une tradition à l'autre, ce qu'on voit très souvent. J'ai trouvé une citation de Ramana Maharshi, il raconte exactement la même chose que maître Eckhart. C'est de voir ce qui peut résonner de l'un à l'autre. Mais essayer de faire un pont, ça me semble difficile. C'est nous qui faisons le pont dans nos pratiques.

A Dans la théorie, on évolue sur des ponts. Au niveau de l'expérience, on rejoint l'universel. Quand Le Saux prie, intimement, lorsqu'il médite, il vit une expérience après coup, on va la nommer différemment.

L C'est toute la question qu'on a posée au début : y a-t-il des différences entre les spiritualités. Évidemment qu'il y a des différences dans les pratiques et dans les théories qui sont dessous, mais en fait, dans l'expérience ultime, il n'y en a pas. Et s'il y a une différence, c'est qu'on n'est pas dans l'expérience ultime. Tu es d'accord ?

A Oui.

L Alors moi, ce que j'ajouterais volontiers, c'est la distinction entre deux options de la spiritualité qui vont ensemble mais que souvent on voit très bien, autant en Orient qu'en Occident, c'est qu'il y a une approche de la spiritualité qu'on peut appeler la spiritualité affective, la voie de la dévotion, ou la Bhakti, toutes les représentations où il y a un « Autre » qui est Dieu, avec lequel on entre en amour. Je pense en particulier au Cantique des Cantiques ou à Mathilde de Magdebourg. Mais cela débouche toujours sur une expérience du « Un ». Par l'amour, on va faire un avec l'être aimé. Chez maître Eckhart, c'est le mouvement inverse. On fait « un » avec la réalité et donc, en faisant « un » avec la réalité, on fait « un » avec Dieu et de ce « Un » jaillit l'amour. Dans la vision affective, on va de l'amour vers l'Un et dans la mystique unitive, on va de l'Un vers l'amour. Je crois qu'on a tout dit sur *les* spiritualités…

A Nous pouvons toujours nous enrichir de l'expérience de l'autre. Ne pas craindre une concurrence, mais découvrir qu'il élargit mon horizon, qu'il me déconditionne. Ne pas toujours vouloir comparer ni faire des concours.

L Mais tout à fait. Là, on sort du dogmatisme. Le grand classique, c'est de dire – et je l'ai déjà entendu – dans certains courants catholiques un peu étroits : faire du yoga, c'est déjà être sous l'emprise du démon. Pareil chez les évangéliques, d'ailleurs. J'ai vu aussi un texte très critique d'un *swami* du sud de l'Inde, du Tamil Nadu, qui revisitait l'expérience de Monchanin et de Le Saux en étant extrêmement critique, en disant que c'était de la pure récupération. Et ça, c'est très délicat. Et moi, la solution que j'aime bien, c'est de dire, comme Paul : « Je suis grec avec les Grecs, juif avec les Juifs »

(1 Co 9, 20). Eh bien, quand j'enseigne dans un lieu bouddhiste, je parle le même langage qu'eux et je sens ce qu'ils veulent me dire et je pratique ce qu'ils pratiquent. Quand je suis dans un monastère de Chartreux pour enseigner, je suis Chartreux avec eux, je participe à la messe, j'essaie de la ressentir de l'intérieur.

A Et ce n'est pas jouer aux hypocrites ou aux caméléons, mais au contraire, aller à fond. Sans préjugé, je goûte à l'expérience qui est donnée à chaque instant, en chaque lieu.

L Si je prends une métaphore triviale, je vais aller de Genève à Lausanne. Je peux prendre le train, le bateau, la voiture. Mais le tout, c'est qu'on arrive quand même à Lausanne.

A On peut aussi aller à pied [rires].

L Ou à pied, j'ai oublié ça. Ou en bateau à voile, ou à la rame…

A … ou à la vapeur…

L … Oui ! Tout n'est pas égal, mais dans la profondeur, on retrouve tous la même chose. Si on ne retrouve pas la même profondeur, c'est qu'on est resté bloqué au niveau des formes. Donc les spiritualités ont des différences, mais elles mènent à la même expérience de fond si on les pratique de manière juste.

A Elles *révèlent* l'expérience du fond.

L Oui, tu as raison, c'est mieux de l'exprimer comme ça. Les spiritualités révèlent l'absolu qui se trouve déjà là. Ça te va ?

A Oui !!

1.4. Et «Dieu», dans tout ça ?

A Alors ça, c'est la grande question. André Comte-Sponville a écrit un livre : *L'Esprit de l'athéisme : Introduction à une spiritualité sans Dieu*. Il me semble que le traumatisme d'un Dieu qui juge, d'une instance extérieure qui nous blâme et qui nous condamne, et qui permette un contrôle social évident fait encore beaucoup de ravages… Est-ce qu'il faut déboulonner Dieu ?

L Évidemment, si on va voir la vision de Dieu telle que tu la décris, c'est la vision de Dieu qui a hélas été véhiculée par la religion chrétienne, mais aussi dans d'autres religions il y a la même chose, où on met Dieu dans une transcendance tellement lointaine, avec des gens qui s'intitulent les vrais transmetteurs de Dieu ; cela permet un contrôle social très fort, comme tu l'as bien dit. La question c'est : est-ce qu'on peut se passer du mot «Dieu» ?

L'expérience du fond étant par essence une expérience non-dualiste, elle n'est pas sujette à description, elle est au-delà, elle est dans l'indicible. Mais quand même le mot « Dieu » permet d'en parler. C'est ce que dit Eckhart lorsqu'il fait la différence entre la théologie positive et la théologie négative, vers la fin de ses sermons (sermon Jundt 3). Il explique que la théologie positive, elle fait ce qu'elle peut, elle dit « Dieu est ceci », mais tout de suite derrière, elle dit explique que l'affirmation est imparfaite. « Dieu est bon, mais il est au-delà de toute bonté. » Ou sinon, on a la solution de la théologie négative qui va dire – et c'est ce que Eckhart va répéter : Dieu n'est ni ceci ni cela, et tout ce que l'on peut dire sur Dieu est faux. Donc en fait, le mot « Dieu », il vaudrait mieux le concevoir comme un nom commun qui est identifié par les philosophes comme la source de tout ce qui est. C'est-à-dire tout ce qui est expérimentable, tout ce qui existe aurait une source unique, nécessaire, puisqu'il n'y a qu'une seule source, nécessairement, en philosophie aussi. C'est cela qu'on appelle Dieu, mais en fait, il faut sortir entièrement du Dieu anthropomorphisé.

A À propos de l'idée de retrouver Dieu, sur mon chemin, j'ai traversé des étapes. Les mots de Spinoza m'ont vraiment apaisé :

« Nul autre qu'un Dieu jaloux ne peut
se réjouir à notre tristesse. »

Quoi de plus libérateur ? J'avais l'idée d'un Dieu qui se réjouissait presque de la peine, voire de la souffrance. C'était doloriste à souhait. Maître Eckhart dessine une autoroute, si j'ose dire, pour descendre au fond du fond. Il montre que « Dieu » n'est pas une extériorité loin de nous, mais « quelque chose » au tréfonds de l'intimité. Le mot « Dieu » sépare, mais l'expérience rapproche.

L Oui, les gens se reconnaissent lorsqu'ils font cette expérience, ils se reconnaissent, même s'ils ne mettent pas les mêmes mots dessus. Il faut bien comprendre que le Dieu des mystiques, ce n'est pas le Dieu des théologiens. Si Dieu est le principe premier de tout ce qui existe, et que Dieu est amour par nécessité, sinon il ne serait pas sorti de lui-même pour créer, donc sous l'être que je suis, sous « moi », il y a la main de Dieu qui me crée. J'aime bien cette idée de la main de Dieu : il y a un acte créateur du divin, qui est un acte d'amour, et qui fait que j'existe. J'aime bien dire que la mystique, c'est le regard qui va descendre en moi pour trouver la main de Dieu, au fond de moi.

A D'ailleurs, comment on la ressent, la main de Dieu ?

L C'est ce que va dire Eckhart : là, il n'y a plus rien à sentir. C'est au-delà du perceptible, puisque Dieu n'est pas dans le sensible. En revanche, l'expérience est là, elle est reconnue *a posteriori*.

A Ce qui m'a beaucoup aidé, c'est le Pseudo-Denys l'Aréopagite. Il enseigne que notre lien à Dieu est ontologique, non épistémologique. Il ne s'agit pas de se dire : « Youpi, j'ai été touché par Dieu », mais de reconnaître qu'il existe un lien qui nous unit en tout. Nous sommes la manifestation de cette source. Voilà qui est super libérateur. Justement, une question touchant Dieu : qu'est-ce que la prière ? Un dialogue ?

L On pose exactement la question que va se poser Mathilde de Magdebourg. Elle va entrer dans une relation amoureuse avec Dieu, où elle va parler à Dieu, et où Dieu va lui parler, d'ailleurs. C'est ça la prière : « entrer en relation avec ». Ça peut être silencieux, évidemment.

A Mais ne nage-t-on pas encore en plein dualisme ?

L Oui, c'est encore dualiste. Le problème de la mystique, qu'elle décrit très bien, c'est qu'on commence par ressentir des états d'amour très exaltants, qu'on prend pour l'expérience de Dieu. C'est ce qu'on appelle les « consolations sensibles », dont tous les mystiques parlent, sauf Eckhart, puisqu'il n'est pas dans la mystique affective. Mais après cet état, il y a la « désolation », parce que l'état de consolation ne peut pas durer. Cet état d'exaltation amoureuse, ça ne dure pas. Et donc les mystiques vont courir après la consolation sensible et se désespérer lorsqu'ils sont dans la désolation sensible. Il y en a qui peuvent faire ça toute leur vie. Rûmî a passé sa vie dans la désolation parce qu'il vivait dans le souvenir de la consolation amoureuse. Mais à la fin, il comprend qu'il faut lâcher tout ça. Mathilde va dire quelque chose d'extraordinaire. Elle va dire que finalement, ce qui est le plus profond, c'est ce qu'elle va nommer la « divine absence », c'est-à-dire l'absence de perception sensible du divin, mais qui donne une certitude de sa présence.

A C'est très libérateur de voir combien nous sommes tentés de vouloir posséder Dieu, l'autre, le bonheur, la joie. Alors que l'expérience de Dieu est tellement profonde que tout besoin d'une revalorisation, d'un agrément se barre.

L Mathilde dit bien que la divine absence lui donne une joie qui est plus profonde que la joie de l'exaltation amoureuse.

A Parce qu'elle n'est pas éphémère.

L Voilà ! Cette non-expérience du divin est présente dans tous les états que l'on peut vivre, la déprime ou le reste.

A Donc la prière est un lien à Dieu, mieux, le retour conscient dans la main de Dieu. Souvent, elle semble se réduire à un dialogue, ou carrément à une liste de commissions : on réclame la santé, la protection etc. Doit-on se passer de cette dimension ? Les deux (prière et union non-dualiste) peuvent-elles cohabiter ?

L Ce que je dirais, c'est que la prière, c'est déjà un bon début. Rentrer dans une sorte de dialogue intérieur qui met en relation. Parce qu'en fait, à quoi ça sert la prière ? À dire à Dieu, mais en réalité, c'est à me dire à moi-même, dans quel état je suis sous le regard de Dieu. Donc ça me permet une vérité. Parce que du coup, je peux me regarder sous le regard de Dieu et je m'accepte beaucoup mieux.

A Avec le risque de la mauvaise conscience…

L Alors ça, c'est vraiment le truc à dézinguer tout de suite. La mauvaise conscience, la culpabilité, la honte sont des choses totalement contre-productives pour la spiritualité. Cela fait partie de ces fameux conditionnements qu'il faut absolument lâcher parce qu'ils sont destructeurs. La culpabilité nous sépare du divin de manière absolue.

A La question, c'est de savoir si nous pouvons pour de bon nous passer de la liste de courses.

L Dans un premier temps, évidemment, c'est bien, parce que c'est très simple, on fait des demandes, comme si on s'adressait à son père, ou au roi, ou à son assistante sociale. Ce n'est pas si mal que ça au début, parce que ça permet de commencer à ressentir qu'il y a une relation. MAIS il faut que ça évolue dans le sens d'une simple présence. C'est-à-dire que je n'ai plus rien à obtenir de Dieu et Dieu n'a plus rien à obtenir de moi. C'est ce que dit Eckhart : un Dieu auquel je demanderais quelque chose et un Dieu qui me demanderait quelque chose, je n'en veux pas.

A C'est de l'ordre du marchandage.

L Oui, on est de nouveau dans le marchandage. Mais je dirais très pragmatiquement qu'il y a des gens qui commencent par ça.

A Pourtant dans l'Évangile, il est écrit : « Demandez et on vous donnera » (Mt 7, 7).

L Oui, mais prendre l'Évangile au pied de la lettre, c'est toujours assez dangereux.

A Oui, mais c'est clairement dit…

L Non, tu as juste l'impression que tu lis : Demandez n'importe quoi et vous recevrez n'importe quoi. Une Porsche ou un gâteau.

A C'est donc demander l'Esprit ?

L Voilà ! En tout cas, c'est une demande spirituelle. Mais le problème, c'est si tu dis ça à quelqu'un, il va le prendre au premier degré.

A J'ai du mal à disqualifier la foi du charbonnier qui peut prendre l'Évangile au pied de la lettre et prier pour la santé, une bonne situation. Ne peut-on pas tout demander à Dieu ?

L Tout le monde peut demander quelque chose de matériel au divin, que le divin le donne ou pas. Mais c'est pas du tout le sujet.

A Oui, le défi, c'est de nous détacher – sermon 4 –, ne plus considérer Dieu comme un expert-comptable.

L Oui, le grand truc, ce qu'on appelle la foi du charbonnier, ce n'est pas cette foi bébête qui demande quand même. Il ne faut pas oublier que le mot « foi », *pistis* en grec, ça veut dire la « confiance », le lâcher devant Dieu. D'ailleurs, lorsque Jésus ressuscite, et que Thomas, qui ne voulait pas y croire, est présent, Jésus lui dit : « Mets ton doigt et sois croyant, confiant » (Jn 20, 27). Qu'est-ce que ça veut dire ? Jésus n'est pas en train de lui dire qu'il faut qu'il ait une croyance, un dogme, un catéchisme, il est en train de lui dire « touche-moi ». La « foi », c'est toucher Dieu.

A Dieu est la source de notre être et non un juge. Il nous imprègne et nous habite. Une vision rabougrie en a fait une sorte d'icône, une entité éloignée qui nous frapperait d'effroi, un flic géant, un implacable juge.

L Il suffit d'ailleurs de regarder le film avec Poelvoorde *Le Tout Nouveau Testament*, parce qu'il met la chose au pire du pire. Dieu y est représenté comme un sadique qui gère la vie des gens et qui leur met des bâtons dans les roues. Ça, c'est l'image religieuse du divin. Mais l'image d'Eckhart est un Dieu inconnaissable qui vit au fond de moi-même.

A Oui, n'étiquetons pas, ne nommons pas, sinon nous risquons fort de passer à côté.

L C'est le problème de toutes les expériences de non-dualité : dès qu'on les nomme, elles n'existent plus.

A C'est capital. Pour Eckhart, Dieu est une expérience au-delà du sensible.

L Oui, c'est complètement au-delà du sensible, mais surtout, l'expérience d'Eckhart qui est fantastique, phénoménale, c'est : mais finalement, lorsque je suis dans mon fond, c'est-à-dire dans le fond silencieux de mon esprit, c'est le fond de Dieu. Et ça, c'est vraiment la prise de conscience centrale de la mystique de maître Eckhart.

A Dans le *Traité des entretiens spirituels* (ou *Collations*), il est écrit : « Dieu est le dieu du présent, tel qu'il te trouve, tel qu'il te prend. » C'est magnifique. Eckhart dézingue la culpabilité. Il me dépouille d'un « Dieu pervers » pour reprendre l'expression de Maurice Bellet.

L Et par rapport à l'image de Dieu aussi. Il va dire : « Je supplie Dieu de me délivrer de Dieu » (sermon 52). C'est-à-dire : je supplie la réalité divine de me délivrer de l'image que je me fais du divin. Dès qu'on utilise le mot, on est piégé. Mais il y a une réalité qui est l'acte créateur de la réalité et que je touche dans la mystique.

A Pour vivre concrètement, incarner cette voie, il s'agit de revenir à la source alors que je vis constamment au niveau de l'ego. À toujours passer à côté de l'essentiel, je m'épuise.

L D'ailleurs, l'ego va fabriquer l'instance éloignée.

A Il y a le Dieu de l'ego et le Dieu de l'être.

L Exactement. On peut dire ça comme ça. Alors, allons vers le Dieu de l'être !

A Yeah !

2

Finalité

2.1. Spiritualité : Où va-t-on ?

L Mais toi, Alexandre, finalement, qu'est-ce qui t'a attiré vers la spiritualité ?

A Dans mon parcours, la vie spirituelle s'est d'emblée annoncée comme une *question vitale*. À l'institut où j'ai vécu arraché de mes parents, il fallait trouver des réponses. C'était une urgence existentielle pour ne pas crever. Sur ma route, j'ai eu la chance de croiser l'aumônier du centre, le père Morand. J'admirais sa sérénité, sa générosité, aussi. Il disait souvent qu'il avait une *maison à géométrie variable*. Il accueillait en effet tous les gens dans le besoin.

L Donc, une question de vie, mais avec des personnes qui peuvent nous aider…

A Oui, je voulais en quelque sorte devenir comme le père Morand. Je désirais sa sérénité, sa paix. Il me parlait des quatre causes chez Aristote, de l'Idée chez Platon, des preuves théologiques de l'existence de Dieu, mais avant tout, je cherchais à lui ressembler. Aujourd'hui, après les épreuves, j'essaie, de me reconstruire, de faire avec une confiance bousillée. La spiritualité, c'est tenir debout. Je pense souvent aux mots de Spinoza : « Bien faire et se tenir en joie. » Dans mon cœur a toujours vibré la notion des philosophes antiques : être toujours un progressant. Même un mourant peut progresser. La spiritualité s'est donc d'abord présentée sous la forme d'un art de vivre, une façon de progresser, de se connaître soi-même, comme disait Socrate.

L Oui, une question de vie. Lorsque je suis rentré au monastère – j'avais 26 ans –, j'ai bien senti l'urgence vitale de la spiritualité, car non seulement j'avais laissé un métier de prof, des études de musique, mais j'entrais dans un monastère catholique, alors que ma culture était protestante… Tout cela pour une quête qui était nécessairement la quête d'une vie, et qui ne m'a pas quitté… malgré le monastère [rires].

A Hier, cher Laurent, je me demandais quelle était la boussole de ma vie intérieure. Si je crois en Dieu, je crois forcément qu'il aura plus raison que moi. De là à disqualifier mes intuitions, mes croyances, mes désirs, mes pulsions, il n'y a qu'un pas.

L Ah oui, tu parles de cette vision religieuse de Dieu tout-puissant et de la personne qui se sent pécheresse et fautive… Que de dégâts avec cette manière d'envisager « Dieu » !

A Si je reviens au père Morand, j'ai voulu lui ressembler, quitte à châtrer une partie de mon être. Ce n'est pas pour rien que j'ai aimé le modèle du sacerdoce, chaste, vierge, loin des passions.

L Reste à savoir si la spiritualité nécessite vraiment la chasteté et l'abstinence… Mais on en reparlera…

A D'où la question : est-ce qu'emprunter une voie spirituelle ne comprend pas le risque de se fuir, d'emprunter un rôle ? C'est limpide, ça m'explose à la figure, c'est presque sociologique. Il fallait trouver pour le Alexandre handicapé une place dans le monde. Je ne pouvais pas devenir footballeur ou danseur de claquettes. Donc j'ai hyperinvesti les domaines intellectuel et spirituel. Ce qui est beau, et on revient à Spinoza, c'est que la nécessité rejoint la liberté. Les deux peuvent coïncider. J'étais *presque* déterminé, pour sauver ma peau, à faire de la philosophie. Et ce désir est si profond qu'aujourd'hui, trente ans après, il n'y a pas un jour où je ne ressente l'envie de fréquenter quelque bouquin de philosophie.

L Dommage, je t'aurais bien vu faire des claquettes [rires]. C'est en même temps une grande chance d'être devenu ce que tu es devenu, à toucher les gens et à les faire avancer, justement à cause, ou grâce à ton handicap qui t'a en quelque sorte poussé à approfondir la pensée. Dans ce que tu dis, je sens que la dimension spirituelle, tu la cherchais finalement dans la philosophie, non ?

A La philosophie m'a sauvé la vie en m'ouvrant une voie, notamment grâce à Socrate. J'ai pu oser un retour à l'intériorité quand tout me happait vers l'extérieur. J'ai découvert une boussole et une direction. L'instrument principal, sinon exclusif a été la raison. Ce n'est que beaucoup plus tard que j'ai compris qu'il fallait visiter les affects, les émotions, le cœur. Un jour, j'accompagnais Corine, ma femme, à une session de zen, quand j'ai eu l'intuition, l'expérience, que le corps m'apportait une paix à laquelle mon mental n'avait pas goûté. J'ai ressenti une nécessité, ancrée dans le corps. Il me fallait explorer la voie du zen et revenir aux Évangiles.

2.2. *Les injonctions spirituelles*

A Une des grandes souffrances, c'est que l'on renvoie toujours la responsabilité du malheur à la personne qui expérimente le mal-être, qui souffre. Combien de fois, en pleine angoisse, me suis-je fait rappeler à l'ordre? «Gère tes angoisses!», «Travaille sur tes émotions!», «Prends-toi en main!», «Donne-toi un bon coup de pied au cul, ça ira mieux!» J'avais simplement besoin d'aide. C'est la question du volontarisme. Je crois que la volonté est le gouvernail de la vie, non son moteur. Récemment, pendant le Covid, j'ai un peu lu Marx, ce qui m'a beaucoup aidé. J'en ai tiré un principe, le *principe de Karl*: quand un individu va mal, au lieu de lui reprocher de ne pas aller bien et de le renvoyer à sa responsabilité, essayer de voir les circonstances sociales qui pourraient expliquer sa souffrance et surtout l'aider à aller mieux. Alors que la tentation est grande de le renvoyer à l'auto-gestion, à la pratique. Un exemple: aujourd'hui, j'ai l'impression que tout le monde travaille pour DHL. On court, on court et à ce

rythme, énormément de gens restent sur la touche. Je dois presque, en tant que personne handicapée, m'excuser d'être plus lent à une caisse de magasin.
À qui s'adresse la spiritualité ? À des privilégiés ? À des bobos ? Comment éviter d'être des donneurs de leçons et oublier des pressions sociales complètement iniques ? Épineuses questions ! L'acceptation est tout sauf de la résignation. Il ne faut jamais oublier que le Christ était un rebelle. J'aime beaucoup, chez maître Eckhart, le sermon 79 : « Si quelqu'un a un ami qui est pauvre, c'est qu'il ne s'en préoccupe pas. » L'acceptation se conjugue à la première personne et au présent. Ce n'est pas un truc que l'on assène comme on jetterait une poignée de graviers. C'est un élan qui nous anime. J'adore Nietzsche qui prône à la fois le dépassement de soi, le progrès intérieur, et l'*amor fati*, l'amour du réel. Cette exigence paradoxale tient vraiment d'un chemin de crête. Chögyam Trungpa m'aide aussi beaucoup. Ce guide invite à bâtir une société éveillée. J'ajouterais « plus solidaire ». Mais pour en revenir à Marx, qui se rend à un stage de méditation ? Comment faire pour que notre pratique débouche sur des actes de générosité concrets ? Et pourquoi pas en gestes de rébellion face à l'injustice ?

L Tu as raison, il y a parfois un certain snobisme dans les pratiques spirituelles, et on va en Inde suivre un gourou (souvent européen). C'est une réponse à un mal-être qui cherche des solutions. Mais heureusement, aujourd'hui, avec la démocratisation des connaissances, j'ai souvent des gens d'autres classes sociales qui viennent participer à mes séminaires. D'ailleurs, beaucoup d'enseignants mettent un point d'honneur à ce que le prix soit en fonction des moyens financiers des personnes. J'accueille souvent des charpentiers, des tailleurs de pierre, des chômeurs en burn-out depuis des années, etc. Le deuxième point que tu soulèves est essentiel : la pratique spirituelle, si elle est profonde, débouche nécessairement sur une autre manière d'être au monde et d'aider à la mesure de nos moyens toutes les misères – matérielles et immatérielles – que nous rencontrons.

2.3. Quel est le but de la vie spirituelle ?

A J'adore l'intuition de maître Eckhart quand il nous encourage à vivre « sans pourquoi ». Tu connais la célèbre phrase d'Angelus Silesius : « La rose est sans pourquoi. Elle fleurit parce qu'elle fleurit, elle ne se demande pas "Suis-je regardée ?". » Dans la tradition du zen, nous sommes invités à avancer sans but ni esprit de profit. J'adore... J'ai longtemps nourri une spiritualité de la conquête. Il fallait terrasser l'adversaire, corriger le handicap, gagner en sérénité. Aujourd'hui, grâce surtout à des personnes comme toi et à mon passage par la Corée du Sud, j'essaie plutôt de nourrir une spiritualité de la pacification.

L La spiritualité comme « combat spirituel » présente un danger très réel. Tout d'abord, on peut se poser la question de « qui » combat, et c'est souvent hélas l'ego qui y met toutes ses forces. Quant aux choses qu'il faut combattre, on peut se demander si l'acceptation de ce qui est, comme le souligne Arnaud Desjardins, ne nous évite pas d'inutiles combats contre nous-mêmes…

A Nietzsche parle de la « grande santé ». Si la bonne santé met pas mal de gens sur le bas-côté, la grande santé convie à faire feu de tout bois et à profiter de tout, à intégrer les hauts, les bas, les handicaps, la « mauvaise santé » si on peut dire, dans une dynamique. Michel Serres disait de la philosophie qu'elle servait à ne pas asservir. Derrière le jeu de mots se cache une idée profonde, je crois. Nous pourrions la reprendre sur le plan spirituel. La spiritualité sert à nous *désasservir*, à nous libérer. Depuis maître Eckhart, je comprends qu'il s'agit de descendre au fond du fond, de quitter le moi social ou plutôt de le repérer pour qu'il ne tienne pas les manettes de notre vie. Dans *Les Voyages de Gulliver* (Jonathan Swift), je crois, un homme est attaché au sol par mille liens. Il s'agite, gesticule en tous sens jusqu'à ce qu'il pige qu'il doit dénouer un lien après l'autre, progressivement, pour se libérer. Se déconditionner et s'engager pour une société solidaire, sacré défi. Ta définition de la spiritualité est parfaite, l'art d'être heureux, l'art d'avoir l'esprit heureux, joyeux.

2.4. Éveil, illumination, libération, union à Dieu, etc.

L La terminologie des mots de la spiritualité, et surtout ceux qui désignent « ce vers quoi on va », est très variée, elle dépend de la religion, de la position sur l'existence d'un « Dieu » dont on peut parler, de la manière dont on aborde l'expérience. Ce qui me semble de plus en plus évident, c'est que sous tous ces mots se trouve une « expérience » unique – même le mot « expérience » n'est pas sans difficulté – qui semble être universelle et dont les traits se ressemblent comme ceux de jumeaux, même s'ils portent un autre nom et s'ils sont habillés de manière différente. Pour qui sait écouter les textes des différentes spiritualités, il y a une profonde cohérence.

A Il faudrait commencer par dire qu'aucun mot ne capte l'essentiel de la spiritualité. Et heureusement ! Le paradoxe veut qu'Eckhart, qui parle si bien du silence de l'âme, nous a légué un pavé, presque deux cents sermons : Mais comment décrire une expérience ? « De Dieu on ne peut rien dire »…

L Tout le monde parle de l'indicibilité du noyau dur de la spiritualité… La seule différence que je vois dans toutes ces voies, c'est qu'il y a l'approche dualiste (un « Dieu » face auquel j'entre en relation) et une approche non-dualiste (qu'on peut appeler « unitive »). Mais ces deux modes d'appréhension de la spiritualité convergent, comme on peut aller de Genève à Lausanne en bateau à voile ou en bateau à vapeur, selon les horaires… [Rires.] On y reviendra plus tard. Mais ces deux modes se retrouvent dans à peu près toutes les traditions.

A Mais quelle est, au fond, la différence entre éveil, illumination et tout le reste ?

L Pour faire simple, l'*éveil* peut caractériser l'expérience comme un éveil de la conscience qui devient plus présente et plus profonde. Ce n'est pas la conscience morale, mais la conscience comme capacité à recevoir le réel et à en être témoin (c'est le mot employé par le *Yogasûtra* : le témoin, celui-qui-voit). L'*illumination*, ce serait une manière de dire la prise de conscience qui rend les choses claires et lumineuses. La *libération* est nettement la dissolution des conditionnements et des attachements. La *réalisation* indique une personne qui aurait vécu cette libération de manière complète (si cela est possible). Dans le registre qui postule un principe divin, l'*union à Dieu* est une union indifférenciée avec le principe divin, dans l'amour.

A Tu disais que l'*expérience* était un mot problématique. Pourquoi ?

L Beaucoup de traditions insistent pour ne pas parler de l'éveil en termes d'expérience. En effet, une expérience est encore marquée par la dualité, par la matière et par le temps. Eckhart dira : « Dieu n'est ni ceci ni cela. » Et les mystiques chrétiens remarqueront assez vite que les expériences exaltantes d'union à Dieu où l'esprit expérimente des états d'amour avec Dieu ne sont pas l'union profonde avec le divin, qui est au-delà d'un quelconque ressenti. Ramana Maharshi demandera à une personne qui cherchait la vision amoureuse de Krishna – et qui l'avait obtenue – si cette expérience avait cessé. La personne répondant par l'affirmative, Ramana lui demanda si elle comptait longtemps chercher des expériences périssables, mais si elle ne préférait pas aller vers le « Soi » qui n'a jamais commencé et qui ne finira jamais. Voilà pourquoi le mot « expérience » n'est pas adapté à ce que la spiritualité cherche.

A Mais alors, ce n'est pas non plus un « état », puisque nos états intérieurs sont fluctuants…

L Exactement. La spiritualité pointe vers « quelque chose » qui n'est pas au niveau de nos expériences ou de nos états qui sont très variables. Dans une très belle formule, Mathilde de Magdebourg dira que « l'expérience de Dieu n'est pas Dieu » et qu'elle remercie Dieu « de sa divine absence ».

3

Moyens

3.1. Philosophie et spiritualité sont-elles des psychothérapies ?

L J'ai souvent remarqué une certaine ambiguïté dans les milieux spirituels entre travail psychologique et spiritualité. Parfois, on entend : « Pour pouvoir progresser spirituellement, il faut bien se connaître soi-même. » On pense à ton Socrate adoré... Mais cela est parfois une excuse pour aller dans tous les coins sombres de la psyché, pour déterrer tous les vieux cadavres, en croyant avoir pour but d'enlever tout ça pour que l'essentiel de la spiritualité se dévoile. Mon maître des novices procédait ainsi, et je connais d'autres lieux où le travail de connaissance de soi est devenu une fin en soi. De ma propre expérience, ça ne marche pas pour progresser... Quel est le lien entre spi et psy, et peut-être aussi philo ?

A D'abord, un souvenir assez intime. Sur les bancs de l'université, j'assistais à un séminaire sur les passions de l'âme où je devais présenter un exposé avec un camarade de classe sur les effets de l'amour. Problème, j'étais complètement dingue du gars avec qui je devais analyser la question. J'avais la frousse qu'en dissertant sur les effets de l'amour chez Thomas d'Aquin, mon acolyte se rende compte que mon cœur était ravagé. Par miracle, ce jour-là, les effets de *mon* amour sont passés inaperçus…

L Le monde des idées et des émotions est assez étanche !

A Si je suis entré en philosophie comme on rentre dans les ordres, c'est précisément pour essayer de *me soigner*. Je n'avais pas encore l'idée de déconditionnement, de libération qui sont si typiques du *Yogasûtra*. D'ailleurs, mon mémoire de licence portait sur Boèce. Ce philosophe romain condamné injustement à mort va, dans sa prison où il attend la mort, imaginer entrer en dialogue avec Dame Philosophie, l'incarnation de la tradition philosophique. Dans *La Consolation*, Dame Philosophie pousse Boèce à envisager le monde autrement. Elle lui rappelle les arguments des stoïciens, des épicuriens et des sceptiques pour qui il ne faut pas porter de jugements sur la réalité. C'est, à leurs yeux, le plus sûr moyen d'atteindre la paix. Si je m'abstiens, si je suspens mon jugement, tout ce que je vis n'est ni bon ni mauvais. Ultimement, Boèce est convié à prendre conscience que le monde est régi, gouverné par une providence.

L Cela fait penser à Eckhart et à l'équanimité, l'égalité d'humeur devant les aléas de l'existence : « Accueillir ce qui advient de manière égale, que ce soit agréable ou non ["*es sei lieb oder leid*"] » (sermon 1)…

A Autant te dire… J'ai lu et relu Boèce sans grands progrès. Ah, si ! Un truc m'a beaucoup aidé. Dame Philosophie dit qu'on ne jalouse jamais l'autre dans son intégralité. On choisit, on sélectionne ce qui paraît bien dans sa vie sans vouloir vraiment être à sa place !

L On est jaloux de ce qu'il a, de ce qu'il fait, mais pas de ce qu'il est ! Bien vu !

A *La Consolation de la philosophie* ne m'a ni soigné, ni guéri, ni soulagé, précisément parce qu'elle s'emploie seulement, et c'est déjà pas mal, à corriger notre vision du monde. C'est le vieux refrain d'Épictète : « Ce n'est pas la réalité qui nous trouble mais l'opinion qu'on s'en fait. » À l'instar du stoïcisme, Boèce s'attaque à élargir notre vision du monde pour l'intégrer dans une perspective plus large en espérant que ce dézoomage nous aide à moins souffrir. Cette thérapie ne m'a jamais convaincu ou plutôt, précisément, elle ne m'a jamais converti. Jamais elle n'a induit un changement, un saut, une nouveauté.

L Oui, là tu touches du doigt la distinction entre changer notre vision du monde, prendre de l'altitude, et nous changer profondément, changer nos conditionnements, nos habitudes… Ce n'est pas la même chose. Je n'y avais pas pensé, c'est puissant. Changer uniquement de regard ne me guérit pas, ça me permet juste de mieux supporter ce qui se passe.

A Le bouddhisme développe aussi la métaphore médicale. Pour le Bouddha, notre mal-être a une cause, il s'agit de trouver son origine, de la déraciner grâce à un chemin de vie, de libération.

L Oui, un déconditionnement, une désidentification de l'ego grâce à une pratique de nature méditative…

A Ce qui m'a toujours désemparé, c'est que l'outil principal de la philosophie, c'est, pour une large part, la *raison*. Spinoza a une phrase qui décape énormément. Dans l'*Éthique* IV, 14, il écrit: «La vraie connaissance du bien et du mal, en tant que vraie, ne peut contrarier aucun affect, mais seulement en tant qu'on la considère comme un affect.» Ces mots de feu redirigent vers l'ici et maintenant. Ce qui nous *convertit*, ce ne sont pas des idées abstraites, des théories, le blabla, mais un chemin de libération, des actes, des exercices, une pratique, du concret.

L C'est la grande tentation du théologien qui pense Dieu, de croire qu'ainsi il fera l'expérience de Dieu… Mais il y a des années-lumière entre penser Dieu et s'unir à lui dans une pratique de non-dualité…

A Dans ma vie, un concept m'a beaucoup hanté, l'*acrasie*, littéralement, il signifie «impuissance». On le trouve chez Aristote et Platon. C'est un immense chantier. Aujourd'hui, on le traduit aussi par *faiblesse de la volonté*. Je préfère parler d'« impuissance ». Un cas très pratique : je veux maigrir, j'en ai l'idée, le désir fou mais tac ! Je fonce vers le frigo, je m'empiffre. Combien de fois ai-je acheté à la librairie pléthore de bouquins sur le régime pour me retrouver à la fin sur le divan devant la télé à bouffer des chips ? Acrasie totale… Exemple fantastique du savoir inopérant, des livres sans effets et de moi gisant sur le divan, impuissant.

L Tu veux dire que seule la pensée n'arrive pas à nous changer en agissant sur la volonté ?

A Ce qui m'a porté vers cette notion, ce sont, je crois, les luttes intérieures, les guerres civiles en soi et aussi la « question » de l'homosexualité. Combien de 1er janvier passés en se disant : « Ça y est, cette année j'arrête, je n'aurai plus aucun fantasme sur ce terrain-là ! » ? D'ailleurs, adolescent, j'étais tombé sur un bouquin de psychologie qui parlait de la « conversion orgasmique ». Les psychologues conseillaient aux jeunes gays d'imaginer une femme au moment de jouir. Peut-on imaginer emprise plus violente sur un être ?

L Oui, c'est abominable. Et on sait que cela continue aujourd'hui avec les « thérapies de conversion ». Mais autant vouloir convaincre un lion de bouffer du porridge…

A L'acrasie, c'est le divorce qui existe entre «je veux» et «je peux». C'est Paul de Tarse – et aussi Ovide.

> *«Le bien que je veux, je ne le fais pas et le mal que je ne veux pas, je le fais» (Rm 7,19).*

L Mais alors, que faire ?

A Aujourd'hui, à mes yeux, philosophie comme spiritualité sont avant tout un art de vivre. J'aime les philosophes antiques qui se présentaient comme des progressants. Un pas après l'autre, ils cheminent. Mon mémoire de licence voulait envisager la philosophie comme thérapie de l'âme en prenant Boèce pour guide. Je me suis très vite aperçu qu'il fallait bien distinguer les registres. S'il y a névrose, psychose, épais mal-être, mieux vaut envisager un passage chez un professionnel. Pour les maux inhérents à notre condition humaine, philosophie et spiritualité sont très aidantes. Qu'en penses-tu ? Je crois aussi que si on plonge au fond du fond avec maître Eckhart, les conditionnements, les névroses, les psychoses se dissolvent.

L Pour Eckhart, comme il est dans une perspective non-dualiste, il dit que le dépouillement et le détachement (ce qui fait référence aux conditionnements négatifs) apportent la béatitude (le bonheur de l'union à Dieu), mais aussi que la béatitude opère le dépouillement et le détachement. Ce sont deux aspects de l'union, il n'y a ni cause ni effet : la béatitude est le dépouillement, le dépouillement est la béatitude. On retrouve la même idée dans le *Yogasûtra* : « La pratique [méditative, celle de l'extinction des processus mentaux] brûle les conditionnements. » Bon, on ne se fait pas des amis parmi les psys, mais la question n'est pas : « Un peu de méditation et hop ! mes casseroles disparaissent. » N'empêche que de visiter le fond calme que Eckhart identifie à Dieu nous apaise et nous permet de nous accueillir nous-mêmes avec un peu plus d'amour, moins de honte et de culpabilité. Et de là, la compréhension des freins est plus facile. Quand on ne voit rien, il est certain qu'une aide extérieure sera utile. Mais ce n'est pas le monologue du patient qui va tourner en rond dans l'évocation de ses problèmes qui va l'aider à s'en sortir…

A Le hic, c'est que trop de philosophies considèrent que l'outil principal réside dans la raison, la raison seule, alors que c'est tout l'être qu'il s'agit de convertir. Il existe des pratiques très rigolotes dans le bouddhisme. Si nous tombons amoureux, nous sommes ainsi conviés à imaginer l'objet de notre attirance sur le tas d'excréments qu'il a produit depuis sa naissance. Pareil chez les Grecs, et aussi chez Marc Aurèle. On proposait à l'amant de s'adonner au *merismos*, exercice qui consiste, ainsi que le veut l'étymologie du terme, à découper l'objet aimé en parties. La toge de l'empereur, ce n'est qu'une peau de chèvre et du sang pour la couleur. Cette femme, ce garçon ne sont que des viscères, du sang, des ongles, une peau. Pas sûr que l'on puisse calmer les ardeurs du passionné avec pareils outils. D'ailleurs, le *merismos* rappelle un peu la « conversion orgasmique ». Toujours, il s'agit de corriger plutôt que d'accepter.

L Et je dirais même d'« accueillir ». Ce que je trouve toujours scandaleux dans toutes ces tentatives de vouloir libérer la personne de ses attirances sensuelles et sexuelles, c'est qu'on a l'impression que philosophes et religions se tiennent la main pour nous faire croire que la sexualité est malsaine et qu'elle nous empêche d'accéder à l'essentiel. Dans beaucoup de traditions spirituelles, l'union avec la divinité est métaphorisée avec l'union des deux amants. Et il faudrait l'abstinence et la chasteté pour y arriver ? Ce ne sont pas des vases communicants ! Le mythe de la vie spirituelle délivrée des pulsions sexuelles a la vie dure. À partir du moment où la sexualité est équilibrée, non compulsive et respectueuse, je ne vois pas en quoi elle empêcherait la spiritualité la plus profonde. Quant à la fameuse croyance qu'on pourrait « sublimer » ses pulsions pour les investir dans le spirituel, c'est, à mon avis, une manière de sexualiser et de sensualiser la spiritualité à bon compte. Toute la vague du tantrisme New Age, qui n'a strictement rien à voir avec le véritable tantrisme, est là pour nous mettre la puce à l'oreille. L'union sexuelle entre deux personnes est une si belle métaphore de l'union divine qu'elle peut également en devenir le symbole efficace, d'ailleurs.

A Surtout ne pas réduire la philosophie, la spiritualité à une *orthopédie de l'âme*. Pas besoin de se conformer à un canon pour être bien. Les bouddhistes ont répertorié plein de passions et d'émotions perturbatrices. C'est la fameuse *science de l'esprit*. Plus on se connaît – retour à

Socrate –, moins on souffre. Mais, précisément, cette science de l'esprit se traduit dans l'expérience, dans un art de vivre, dans la méditation.

Pour résumer, je dirais que je suis entré en philosophie pour me soigner et j'y ai trouvé des outils, une boussole pour progresser. Cependant, la guérison, la libération ne m'ont pas été apportées par ce biais-là. Méditer, lire maître Eckhart, essayer de vivre au fond du fond est assurément bien plus aidant.

Pour revenir aux mots de Spinoza : Est-ce qu'un savoir, une connaissance peuvent vraiment changer notre vie ? Que t'évoquent-ils ?

L Oh là là ! [Rires.] Je vais réduire un peu le champ de citation de Spinoza sur le savoir qui peut changer la vie. De mon expérience, lorsque j'enseigne la pratique de la spiritualité, les représentations justes que l'on se fait de ce que sont la spiritualité, l'éveil, Dieu et tout le reste sont centrales pour y accéder. J'ai trop vu de gens qui avaient de fausses croyances sur l'éveil, réservé à une élite se gelant les orteils dans une grotte au sommet de l'Himalaya après des années d'ascèse extrême. Si tel est le cas, l'éveil n'est pas pour moi. Mais si l'éveil est déjà en moi, et qu'il ne dépende que de moi le fait de le révéler, cela change tout. Ou bien, sur l'accessibilité de l'expérience, Eckhart qui nous dit que les personnes présentes à son sermon « expérimenteraient la joie de l'union à Dieu avant même de sortir de cette église » (sermon Jundt 3). Si tel est le cas, l'essentiel de la spiritualité est simple et accessible. Je peux donc m'y mettre avec confiance. Alors que si c'est inaccessible, à quoi bon ? Donc oui, certaines connaissances peuvent changer la vie, à condition d'être justes. Ma vie peut changer, parce que la représentation juste de ce que je peux faire est réaliste.

A Et si nous nous attaquions au défi de l'acrasie, concrètement, qu'est-ce qui peut aider un type à maigrir ?

L Tu parles de cette sensation qu'on ne peut rien changer à nos conditionnements négatifs et que finalement, on ne peut même pas faire confiance à notre volonté, qui est trop faible pour nous faire progresser… Je mettrais cela en regard de cette idée du christianisme qu'il faut pratiquer les vertus de manière héroïque – c'est d'ailleurs l'un des critères de canonisation. Je suis intimement convaincu du contraire. *Qui* pratique les vertus de manière héroïque ? Le même qui « tient » des heures sur son coussin de méditation en ayant mal et en s'ennuyant : l'ego qui veut se prouver à lui-même qu'il en est capable. Et on dira après que « la chair est faible » et que finalement, on ne peut pas progresser si on n'y arrive pas. Ma recette est simple : retrouvons le fond aimant d'où nous provenons, aimons-nous (pas à la manière de Narcisse, mais à la manière dont nous aimons quelqu'un avec bienveillance et compassion), et alors nous verrons bien plus facilement ce qui se passe vraiment, et nous verrons qu'en nous gavant – je suis le premier à pratiquer cela [rires] –, je ne suis pas dans l'amour de moi-même parce que je me fais du mal sur le long terme. Mais personnellement, je suis convaincu que le regard bienveillant sur nous-mêmes nous aide à nous déconditionner tranquillement, parce que nous abandonnons petit à petit les mauvais conditionnements. Le *Yogasûtra* indiquera qu'il faut remplacer les mauvais conditionnements par les bonnes habitudes de la pratique du silence intérieur, de la fréquentation du fond.

A Et qu'est-ce, pour toi, la visée d'une voie spirituelle ? Et comment fausser compagnie à l'orthopédie mentale ?

L Je suis assez persuadé qu'on peut avoir pas mal de casseroles psychologiques et être quand même dans son fond. Le processus de transformation est lent, l'essentiel est de revenir sans cesse dans la nature première (comme le dit le zen) ou dans la Présence divine (comme le dira le christianisme). Le problème surgit lorsqu'on veut utiliser l'intellect (dans la philo), le travail émotionnel (dans la psychologie) ou le travail psycho-corporel (dans les pratiques spirituelles) pour échapper à des conditionnements négatifs, tout en ne voulant pas les lâcher. Il m'arrive d'avoir des personnes qui me disent : « Oui, oui, je sais, je connais bien mes problèmes, mais je n'arrive pas à lâcher », etc. Un ami me disait : « Oui, ces personnes connaissent tellement bien leur prison mentale qu'elles finissent par mettre des rideaux aux fenêtres au lieu de chercher à en sortir. » Ce n'est heureusement pas toujours le cas. Le but de toute spiritualité, ce n'est pas d'obtenir des états extraordinaires ou des pouvoirs surnaturels, mais c'est simplement de vivre dans un état heureux – ce qui ne veut pas dire un état de bisounours qui échappe aux contrariétés ou aux souffrances du quotidien.

A Oui, on revient à ta définition de la spiritualité : l'art de l'esprit heureux, joyeux.

L L'erreur serait de prendre les pratiques spirituelles pour des psychothérapies, ou des réflexions philosophiques pour une pratique spirituelle.

A Quand j'envisage *mes psychodrames* me vient souvent à l'esprit un jeu chinois dont l'ensemble gravite autour d'un espace. Le but est d'aménager les pièces autour de cette ouverture. Dans ma vie, la case vide, ce sont peut-être les manques, la peur, le tragique de l'existence et le besoin affectif. Le défi est d'avancer dans la grande santé sans nier la difficulté d'assumer un handicap. Récemment, un de mes amis a dit à mon fils, Augustin : « Tu t'imagines trois jours dans le corps de papa ? » Et Augustin a eu quelques larmes dans les yeux, non de tristesse, mais de gratitude. Oui, nous pouvons goûter la joie inconditionnelle, y compris dans l'épreuve. C'est plutôt une bonne nouvelle !

3.2. Que faire de Dieu et de la religion ?

L Quand on parle de spiritualité, on n'est plus très loin de la religion. Mais à ton avis, a-t-on besoin d'un Dieu ? A-t-on besoin de la religion ?

A Autrefois, un philosophe qui raillait la religion m'avait fait mal au cœur. Il affirmait haut et fort que seule était lucide une spiritualité sans Dieu. Aujourd'hui, j'éprouve aussi un malaise devant ceux qui associent mécaniquement religion, Dieu et spiritualité. D'abord, je dirais, comme maître Eckhart, que Dieu n'est pas une vache à lait (sermon 16b). Trop souvent, on l'a dit, on recourt à la religion, espérant contracter une sorte d'assurance-vie. On adresse au Très-Haut une liste de commissions. On lui demande un paquet de trucs. La vie spirituelle, c'est d'abord une expérience. Au-delà des mots, du blabla et du mental.

L Oui, mais les religieux ont une vision assez précise de ce qu'est « Dieu »...

A Lors de mon séjour en Corée, j'adorais prier dans les églises et méditer dans les temples. Peu de choses me procurent autant de plaisir que de bâtir des ponts entre les religions. Un jour, un moine bouddhiste un peu narquois, apprenant que je pratiquais le zen tout en étant chrétien, m'a lancé : « Quand tu mourras, au paradis, si tu vois le Bouddha et le Christ, vers qui te tourneras-tu en premier ? » Je n'ai pas osé lui rétorquer qu'il n'y a pas de hiérarchie dans la rencontre. Comment lui dire qu'il adoptait un point de vue sacrément dualiste ?

L Ton moine me fait penser à cette blague. Un protestant arrive au paradis où il est gentiment reçu par Pierre qui lui montre les lieux. Au milieu du paradis, il y a un mur, et derrière on entend des chants de fête. Le protestant demande : « Mais qu'est-ce qu'il y a derrière le mur ? » Pierre répond : « Chut ! Ce sont les catholiques : ils pensent qu'ils sont les seuls ! » [Rires.] C'est nous qui faisons des différences. Dans la spiritualité, tout est « un »... Je me souviens d'un de mes profs de théologie qui avait osé dire : « Attention ! La charité chrétienne, ce n'est pas la même chose que la compassion bouddhiste ! » Cela m'avait choqué, car l'amour, c'est l'amour, il n'y a pas des amours de première classe et des amours de seconde classe. Tout le monde a découvert au-delà des siècles, des pays et des traditions que la source ultime de Dieu – ce que les religions appellent Dieu – était nécessairement amour, et que cet amour était infini et inconditionnel.

A Embrasser une vie spirituelle, c'est s'ouvrir. Tu cites souvent Paul de Tarse qui dit « Être grec avec les Grecs, juif avec les Juifs… » (1 Co 9, 20).

L Bien sûr. Je suis en contact avec différents courants spirituels, que ce soient les protestants, les catholiques, les pratiquants zen ou de la non-dualité indienne (Vedanta), etc. Comme Paul, je me dis : être tout à tous, juif avec les Juifs, grec avec les Grecs. Ce que j'entends souvent, c'est : « Mais c'est du syncrétisme ! » Le syncrétisme, c'est de mélanger tous les plats d'un repas. Ce que j'essaie de sentir, c'est le sel qu'il y a dans chaque plat : chaque tradition possède en elle le sel de l'essentiel… Bon, mais dans cet essentiel, il y a « Dieu » ou il n'y a pas « Dieu » ?

A Je ne parviendrai pas à me débarrasser de Dieu, hélas et heureusement. Hélas, car il est encore très entaché de préjugés. Comme maître Eckhart, j'ai envie de crier : « Dieu, libère-moi de Dieu » de ce Dieu pervers, de ce Dieu qui juge, qui m'épie à tout instant et ne veut pas ma paix. Me libérer d'un Dieu procureur qui scrute, pèse, voit tout. Sur ma route, cependant, avant maître Eckhart, Spinoza m'a donné l'avant-goût d'une liberté. Mais encore faut-il l'ancrer au fond du fond, dans l'intériorité. Le « Dieu » de mon enfance, celui des religieuses, est un Dieu qui ne supporte pas que j'éprouve du plaisir, que, autonome, je prenne des initiatives.

L Ah ce Dieu-là, il a la peau dure…

A Souvent, je répète la phrase de l'*Éthique* de Spinoza : « Et seule, en fait, une superstition farouche et triste peut interdire qu'on se réjouisse. Car en quoi vaut-il mieux apaiser la faim et la soif que chasser la mélancolie ? Tel est mon principe et telle est ma conviction. Aucune divinité, nul autre qu'un envieux ne se réjouit de mon impuissance et de ma peine[1]. » Tu ne t'imagines pas la

[1] *Éthique* IV, 45, sc.

liberté que j'ai puisée dans ces lignes. Dieu veut mon bonheur, ma joie, mon plaisir, c'est plus difficile à accueillir qu'à dire…

L Le but qu'on nous met pourtant sous les yeux, c'est un paradis, un lieu de délices… Mais après la mort !

A Aujourd'hui, grâce à Eckhart, je me débarrasse d'un Dieu juge. Je relis les conseils spirituels lorsqu'il écrit : « Dieu est un Dieu de l'instant présent. Dieu te reçoit tel que tu es à l'instant même, il ne juge pas ce que tu as été, mais il accueille celui que tu es maintenant » (*Traité sur la consolation divine*, § 37).

L Oui, c'est très consolant. On ne peut pas en dire autant du monde religieux.

A J'ai beaucoup de mal avec la religion et je peine à fréquenter les églises à part en Chartreuse, les rares fois où je suis invité [rires]. Où se situe la place des personnes handicapées, singulières ? Comment la religion accueille-t-elle l'homosexualité par exemple ?

L Ah c'est une bonne question. Un théologien a osé dire : « Jésus annonçait le Royaume [il faut comprendre le règne de l'amour inconditionnel] et c'est l'Église qui est venue [il faut comprendre des institutions normatives et moralisatrices] » (Alfred Loisy, 1900). Il s'est fait virer, bien sûr, mais le Collège de France l'a engagé ! Le problème du religieux en général (pas que chrétien), c'est qu'il érige une morale, avec des modèles et des contre-modèles. Bref, si on n'entre pas dans les cases, on se fait aussi virer. Toute diversité est considérée comme une déviance. Et de là à oser dire que l'homosexualité est un désordre objectif de la nature, il n'y a qu'un pas… vite franchi par la morale catholique. Et lorsqu'on lit *Sodoma* de Frédéric Martel, on se demande comment on peut en arriver là et avoir une double morale aussi hypocrite…

A C'est dingue, ce sont souvent les auteurs athées, anticléricaux qui me rendent religieux. Nietzsche, par exemple, me lessive de toute culpabilité. La mauvaise conscience, c'est un truc, selon lui, inventé pour dominer. Et Marx qui dit : « La religion est le soupir de la créature accablée par le malheur, l'âme d'un monde sans cœur, de même qu'elle est l'esprit d'une époque sans esprit. C'est *l'opium* du peuple. » Magnifique invitation à se départir d'une religion béquille, d'une religion *orthopédico-corrective* qui n'accueille pas les êtres tels qu'ils sont, qui exige des prérequis, qui ne s'adresse qu'à des soi-disant spécialistes. D'ailleurs, Nietzsche dit bien : « Tout est pur pour les purs, tout est porc pour les porcs… » (*Ainsi parlait Zarathoustra*).

L Alors, Dieu sans la religion ? Nous avions commencé avec une spiritualité sans Dieu !

A J'éprouve encore une culpabilité à essayer de trouver Dieu en dehors des *concessionnaires du religieux*. Comme si on m'avait intimé l'ordre de ne pas changer de crèmerie. N'y aurait-il qu'une crèmerie en dehors de laquelle il n'y aurait aucun salut ?

L C'est le fameux « hors de l'Église point de salut » de Cyprien de Carthage qui aura fait beaucoup de mal… Je me demande toujours si Dieu serait assez bête pour se lier à une entreprise mafieuse [rires]. Alors si l'on peut prendre un peu de recul par rapport aux déclarations du genre « la vérité, elle est chez nous et pas ailleurs », que faire ?

A Aujourd'hui, la méditation m'aide à descendre, à résider dans le silence, à m'ouvrir. Les questions ne manquent pas ! Qui est Dieu ? Qui suis-je ? Avons-nous besoin de Dieu comme nous avons besoin d'air pour respirer ?

L La spiritualité, ça doit être si simple, si évident, si direct, si immédiat !

A Oui ! C'est comme si on passait toute notre vie à parler de l'air que nous respirons, alors qu'il s'agit d'ouvrir et de goûter la vie à pleins poumons.

3.3. Pratiques et expériences spirituelles

A Toi qui enseignes beaucoup le côté pratique de la spiritualité, peux-tu me décrire les différentes pratiques de la vie spirituelle et m'expliquer si elles conduisent à différentes expériences spirituelles ?

L Tu te souviens que j'avais parlé de deux sortes d'approches spirituelles, l'approche affective et l'approche unitive.

A Ah oui, l'approche affective, c'est tomber en amour avec le divin, converser, entrer en relation. Mais c'est dualiste, non ?

L Oui, puisqu'il y a sujet et objet. Mais la mystique affective, qu'on appelle aussi la mystique de l'Autre, la voie de la dévotion, etc., débouche normalement sur une « union entre l'âme et Dieu », comme le disent les mystiques chrétiens.

A Et l'approche unitive, Eckhart… ? Se dépouiller de soi-même et des représentations…

L Voilà, ou bien, comme dira aussi Eckhart, se vider de soi-même pour se remplir de Dieu. C'est une approche non-dualiste : la mystique de l'Un.

A Mais où veux-tu en venir ? Comment inaugurer des ponts entre ces voies ?

L Les pratiques de dévotion et les pratiques unitives sont assez différentes. Les pratiques de dévotion, on les rencontre en général dans les religions théistes. Cela peut être des cérémonies, des chants, des processions, des pèlerinages, des offrandes, et, au niveau personnel, des pénitences, des jeûnes, des prières, des retraites, etc. Par ces pratiques, on éveille l'amour divin qui se trouve au fond de nous pour entrer en contact avec Dieu.

A Et ça marche ?

L Ça a le mérite de se mettre sous le regard de plus grand que soi, un regard souvent plein d'amour. Ça, c'est déjà bien. La dévotion utilise l'image, l'image d'une divinité, l'image d'un saint, l'image d'un gourou, d'un lieu considéré comme « sacré »...

A Pourquoi dis-tu « considéré comme sacré » ? Il n'y a rien de sacré en soi ?

L Le sacré est typique de la spiritualité de la dévotion, la spiritualité dualiste. Comme on distingue entre soi et un Autre (Dieu, par exemple), on distingue aussi entre un temps et un espace sacré, et un temps et un lieu profane.

A Ah oui, c'est le sujet du fameux livre de Mircea Eliade que je n'ai pas lu !

L Oui, *Le Sacré et le Profane*. Cette séparation est typique de la dévotion.

A Et les pratiques de la spiritualité non-dualiste ?

L Ce sont des pratiques qui font l'unité de la personne et qui unifient cette personne au principe même de l'être et qu'on appelle « Dieu ». Ce sont en général des pratiques psycho-corporelles où l'on arrête de distinguer corps et esprit, par exemple, mais où on les unifie dans un processus. Dans le yoga, on va conscientiser la posture, le souffle, puis tourner le regard vers l'intérieur et chercher le « Soi », avec majuscule, qui est ma vérité la plus profonde dépouillée du détail de mes caractéristiques. Dans le taï-chi, on fera l'unité entre le mouvement intérieur et le mouvement extérieur, permettant ainsi de sentir le grand flux de la vie. Dans le zen, on favorisera la posture immobile – mais non rigide – pour aller chercher le centre immobile en soi, etc. Mais dans toutes ces pratiques, ce n'est pas la pratique en elle-même qui opère l'unité, c'est la conscience que j'ai lors de la pratique. C'est toute la vie qui peut être consciente. Tant qu'on médite de 7 h 40 à 8 heures, et qu'après on ne médite plus, la méditation est encore un loisir, un temps à part. On est encore dans la dualité.

A C'est clair. Il existe un langage pour le mode dévotionnel (le pratiquant agit, il prononce des paroles, il s'adresse à Dieu, on fait des prières, etc.). Quant au mode non-dualiste cependant, il est périlleux d'en parler : lorsque nous faisons « un », il n'y a plus de paroles possibles !

L En effet. On peut avoir des états unitifs et dès qu'on se dit « Ah ! c'est ça ! », on en est sorti. Mais ce n'est pas grave, on peut y retourner… Contrairement à ce que beaucoup croient, on ne peut pas vivre uniquement sous le mode non-dualiste, parce qu'après, il faudra bien communiquer avec les autres et vivre normalement. Mais la non-dualité vécue quelques instants nous transforme petit à petit, nous transfigure. Kornfield a un titre très pertinent : *Après l'extase, la lessive* ! La vraie compréhension, c'est que l'état d'unité peut continuer en contre-chant sous notre vie marquée par la dualité.

A Pourrais-tu cartographier en quelque sorte ces expériences ?

L Je vais tenter de faire une différence entre des *expériences* et un *état*. La voie de la dévotion cherche des expériences avec la divinité, marquées par le désir amoureux, l'exaltation, parfois l'extase, etc.

A Oui, la Bhakti dans l'hindouisme.

L Mais ce sont des expériences ponctuelles, souvent fulgurantes qui s'effacent et laissent un douloureux manque derrière elles, ce que les mystiques appellent les désolations, les déserts, les nuits obscures, etc.

A Et les états ?

L Je dirais qu'il n'y a qu'un seul état unitif. Il n'y a qu'un seul éveil, parce qu'il n'y a qu'une seule réalité. Chacun en parle comme il peut, mais l'état d'unité est simple, un peu comme si on regardait le monde en étant transparent… Ou de regarder dans un miroir et de ne pas s'y voir, mais le monde qui m'entoure… Tous les mots sont des pièges.

A Tu disais que l'état unitif pouvait s'enraciner dans la vie quotidienne. Comment ? Comment demeurer dans un état méditatif dans les hauts et les bas, surtout quand tu as un chien à promener, des enfants à accompagner, des factures à payer… Je médite à la caisse de la supérette quand on m'engueule à cause de ma lenteur.

L [Rires.] Non, il ne s'agit pas de méditer en faisant les courses. La pratique, dans la non-dualité, ne vise qu'à nous éveiller au réel, à prendre conscience de cette conscience qui nous habite et qui est témoin de la réalité. Le *Yogasûtra* dira : « Lorsque les processus mentaux cessent, la conscience apparaît telle qu'elle est en elle-même. »

A C'est donc une manière consciente d'être présent au monde ?

L C'est exactement cela. Si la pratique mène à cela, c'est une bonne pratique. L'idéal n'est pas de méditer pour méditer. Penser que méditer dix heures par jour tous les jours de sa vie va nous apporter l'éveil est une grande illusion. Parfois, les gens peuvent s'éveiller en regardant une fleur ou la mer… ou méditer toute leur vie et n'avoir aucune idée de l'éveil de la conscience.

A Revenons à la mystique dévotionnelle – la *bhakti* en sanskrit. Les expériences sont-elles « unes » comme pour la mystique unitive ?

L Tout d'abord, merci pour la *bhakti*. Personnellement, j'essaie d'éviter de me gargariser avec des mots sanskrits, comme si la spiritualité ne pouvait se dire qu'avec les mots de l'Inde. Les théologiens chrétiens ont cru longtemps que la langue de Dieu, c'était le latin !! [Rires.] Mathilde de Magdebourg, dans ses visions, fait parfois parler Jésus en latin, ce qui est un parfait anachronisme. Les expériences des mystiques sont fortement teintées par les croyances qu'ils ont. Un chrétien ne va pas avoir une vision de Bouddha, et réciproquement.

A Le Bouddha ne va pas voir apparaître un chrétien ? C'est ça ? [Rires.]

L Le monde dans lequel évolue le mystique colore fortement son expérience. François d'Assise va tellement s'identifier à Jésus qu'il va le voir en croix et porter des stigmates. Mais cela n'oblitère pas l'existence d'une expérience d'amour inconditionnel « habillée » par la tradition dans laquelle on se trouve.

A Mais alors, est-ce une fabrication du mental, une projection, ou bien l'intervention d'une instance extérieure au monde que l'on appelle « Dieu » ?

L Je pense que chacun peut se faire sa propre idée. Comment vais-je faire « un » avec un Dieu qui veut comme les humains veulent ? Personnellement, je trouve un peu bizarre l'idée de manifestation surnaturelle… Et puis l'idée d'un Dieu qui récompenserait les gentils avec des stigmates, j'ai un peu de mal avec…

A Les deux types de mystiques se rejoignent quelque part ?

L Certainement. Mathilde de Magdebourg dira clairement, après d'innombrables passages de mystique dualiste, qu'elle « fusionne » avec Dieu. Ou plutôt, c'est le Christ qui le dit. Quant à la mystique de l'Un, comme Eckhart, mais aussi la mystique du « Soi » (avec majuscule) de la tradition Vedanta, elles débouchent sur l'amour inconditionnel. Un éveil non coloré par l'amour et la bienveillance est douteux.

A En conclusion ?

L Il y a une histoire que j'aime bien. Ça se passe en Inde, et l'histoire est racontée par Henri Le Saux, moine bénédictin parti en Inde fonder un ashram et qui a fini comme moine errant. Harilal, un jeune homme, est un dévot de Krishna ; il fait tout ce qu'il faut et désire par-dessus tout voir le dieu vers lequel il dirige tout son amour. Mais rien ne se passe. Il va voir Ramana Maharshi qui lui glisse à l'oreille un mantra « efficace » pour « voir » Krishna. Après d'intenses efforts, un jour il voit vraiment Krishna. Puis plus rien. Il prie encore plus intensément. Et là il voit Rama, le prince du Ramayana ! Ne comprenant plus rien parce que ce n'était pas ça qu'il attendait, il va voir Ramana qui lui répond simplement : « Qu'as-tu à faire des dieux qui vont et qui repartent. Les cérémonies et les prières sont bonnes pour un temps, mais arrive le temps où tout doit disparaître. Après se trouve la vision sans commencement ni fin, celle de l'être, du Soi. »

A La mystique de dévotion dualiste doit donc être dépassée dans l'unité ?

L Chacun son chemin propre. Et l'un n'exclut pas l'autre. On marche sur deux pieds, on peut bien emprunter deux voies pour aller à l'essentiel…

A Si on allait manger, à propos… [Rires.]

3.4. Spiritualité et sexualité sont-elles incompatibles ?

L On dirait que la sexualité a beaucoup occupé les religions, qui se sont toujours évertuées à la codifier, à l'encadrer, à la juger et souvent à l'interdire... La sexualité serait-elle incompatible avec la recherche spirituelle ?

A Dans *Par-delà bien et mal*, Nietzsche écrit : « C'est son bas-ventre qui fait que l'homme a quelque peine à se considérer pour un dieu. » Etty Hillesum[1], dans le même registre, j'allais dire, racontait qu'« il est bien difficile de vivre en bonne intelligence avec Dieu et avec son bas-ventre ». Et si le contraire était vrai ? Si cette force difficile à contrôler, à maîtriser, témoignait d'une vie qui nous dépasse, d'une vie infiniment plus dense que l'on croit ?

[1] Etty Hillesum, *Une vie bouleversée*, Paris, Seuil, 1985, journal du 4 août 1941.

L Je remarque déjà une chose, tu rapportes qu'ils désignent les pulsions sexuelles comme *le bas-ventre*, ce qui est un euphémisme légèrement négatif. Il y a sans doute une interaction avec les interdits religieux et la manière dont la société civile intégrait ces interdits dans les codes moraux civils…

A Dans *La merveille, l'errance, l'énigme*, Paul Ricœur dégage une liberté extraordinaire : *Finalement, quand deux êtres s'étreignent, ils ne savent pas ce qu'ils font, ils ne savent pas ce qu'ils veulent, ils ne savent pas ce qu'ils trouvent. Que signifie ce désir qui les pousse l'un vers l'autre ? Est-ce le désir du plaisir ? Oui, bien sûr. Mais pauvre réponse, car en même temps, nous pressentons que le plaisir lui-même n'a pas son sens en lui-même : qu'il est figuratif. Mais de quoi ? Nous avons la conscience vive et obscure que le sexe participe à un réseau de puissances dont les harmoniques cosmiques sont oubliées, mais non abolies ; que la vie est bien plus que la vie ; je veux dire que la vie est bien plus que la lutte contre la mort, qu'un retard de l'échéance fatale ; que la vie est unique, universelle, toute en tous et c'est à ce mystère que la joie sexuelle fait participer.* Derrière les mots absolument limpides de Ricœur, une invitation, accueillir cette force qui jaillit au-delà de l'ego, qui jaillit du fond du fond, à la source de la vie.

L Toutes les mystiques de dévotion passent par la métaphore de l'amour humain, souvent sous son aspect érotique, pour décrire ce qui se passe entre l'âme et ce que l'on appelle « Dieu ». Dès lors, quel étonnement de voir la sexualité si restreinte et mal vue. Mais pourquoi ?

A D'ailleurs, qui fait l'amour ? Un être névrosé, une avidité, un paquet de peurs, un frustré ?

L Oui, bien sûr, une chose est la sexualité idéalisée qui conduit à l'union, la fusion (comme le dit Mathilde), de deux êtres dans un respect absolu et tout ce qui est de l'ordre de l'avidité, de la possessivité, où tous les plis humains possibles sont là…

A Dans mon parcours, la sexualité a souvent été associée à la culpabilité. Dès mon enfance, j'avais le regard braqué sur le père Morand qui semblait incarner un idéal, une modération, la chasteté. À côté, le désir ressemblait à la non-maîtrise, à l'animalité, à une incontrôlabilité qui me faisait peur.

L Ce qui est certain, c'est que parfois des hommes – des êtres masculins – me disent qu'ils n'arrivent pas à contrôler leurs désirs, qu'il y a une sorte de compulsivité à rechercher la relation sexuelle. D'où la peur de ce qu'ils estiment être une incontrôlabilité…

A Je crois de plus en plus qu'il y a dans le sexe aussi et peut-être surtout la recherche non égoïste d'un éveil, d'un repos, de la mort à soi, comme diraient certains mystiques. Le grand défi, c'est de découvrir une voie, non seulement l'intégrer dans sa vie spirituelle, mais en faire le lieu d'une joie, du partage, du don. Certes, il existe le tantrisme, mais j'ai souvent l'impression que son interprétation occidentale reste bancale.

L Ah ce tantrisme qui nous vient du New Age et qui essaie de vendre l'érotisme et la sensualité comme spiritualité uniquement pour s'autoriser à avoir une certaine liberté sexuelle… Si les vrais *tantrika* savaient… Une fois, dans un centre où nous étions plusieurs à intervenir sur la spiritualité, je me suis fait agresser par un gourou américain body-buildé et tatoué, qui ne ratait pas une occasion de se dévêtir pour se faire admirer. Pour lui, tous ceux qui méditaient paisiblement sur leurs coussins étaient des coincés de la braguette. S'il savait ! [Rires.]

Dans une interview, Daniel Odier, qui s'inscrit dans le tantrisme du Cachemire, n'avait pas de mots assez forts pour fustiger cette tendance. Que les gens fassent ce qu'ils veulent, mais qu'ils ne prennent pas la spiritualité en otage ! Il y a une manière de vivre profondément spirituelle qui ne fait pas l'impasse sur la sexualité, mais qui l'élève au rang de pratique méditative et unitive par le respect de l'autre… Mais la sexualité est déjà un sujet en soi, avec ses côtés sombres et frustrés et ses côtés lumineux.

A J'ai souvent rêvé de tomber sur un guichet où nous pourrions débarquer avec nos problèmes, où il serait possible de s'adresser pour parler de carences affectives. Comment pacifier ces besoins, ces pulsions, ces désirs ? Comment les intégrer ?

L Ça s'appelle une psychothérapie, non ? [Rires.]

A Pourquoi diable les Églises chrétiennes se sont-elles immiscées jusque dans nos chambres à coucher pour instiller une sorte de tiers en nous, un procureur général, un juge implacable qui traque nos gestes les plus intimes, nos désirs les plus secrets ? Le tour de passe-passe est d'une habilité démoniaque. L'impact dans le concret, dans la vie fait des ravages. Comment trouver une théologie, une spiritualité qui aide à accepter les pulsions et les désirs qui nous traversent ?

L J'ai bien peur que cette théologie soit encore à inventer. La spiritualité d'Eckhart, en écartant tous nos conditionnements égotiques (c'est ce qu'il appelle : se dépouiller de nous-mêmes) nous débarrasse aussi de la culpabilité. Nous avons des couches et des couches de culpabilité sur ce sujet.

A Comment liquider cette culpabilité ? J'aime beaucoup Nietzsche qui montre qu'existe une culpabilité liée à des actes : je tue quelqu'un, j'éprouve de la culpabilité, je vole un truc, je ressens des remords. L'Église a créé, en plus, une sorte de *culpabilité ontologique*. Le simple fait d'exister me rend coupable d'un péché originel. Comment dézinguer cette *culpabilité ontologique* ? On juge chaque plaisir que l'on ressent comme un malentendu, comme un bienfait qu'on ne mérite pas.

L Si on est méchant, on dit que la culpabilité est un moyen de domination génial. Louis XIV qui était un coureur invétéré était sous la coupe de son confesseur… Je trouve intéressante ton analyse de la « culpabilité ontologique » dans le christianisme. En fait, le « péché originel » n'est pas, comme on le croit souvent, le « péché de la chair », encore un euphémisme pour essayer de dire que Adam et Ève ont couché… La théologie ne voit pas le péché originel comme un acte, mais comme l'orientation fondamentale de l'être humain qui se détourne du divin pour aller vers des satisfactions égoïstes. Mais de là à culpabiliser toute une société sur deux millénaires, il n'y avait qu'un pas, qui a été allègrement franchi.

A Le désir sexuel, quand il n'est pas assumé, accueilli, partagé, peut devenir le haut lieu d'une domination, de la maltraitance, d'abus. À l'origine, comme dirait Spinoza, ce désir de vie est infiniment bon. Pourquoi dégénère-t-il en s'avilissant dans l'emprise, dans le besoin de dominer au sens psychologique ?

L En la formulant, tu as répondu à la question : la sexualité adulte, respectueuse et vécue dans un amour mutuel est infiniment bonne, mais lorsque nos failles psychiques s'en mêlent : l'avidité, le désir de posséder, la manipulation, etc., alors on est mal. C'est ce que l'on observe avec tous les abus que l'on met au jour actuellement parce que ce n'est plus tenable de toujours cacher cela sous le tapis. La sexualité mise à mal par un psychisme abîmé est d'autant plus grave qu'elle touche la plus grande intimité.

A Pour résumer, voici en vrac une moisson de questions : comment s'extraire d'une culpabilité liée au plaisir qui nous fait croire qu'il n'est pas bon, en ce bas monde, de profiter ? Comment assumer une force qui nous dépasse ? On ne décide pas de tomber amoureux, ni de son orientation ou du moment où on ressent un besoin de tendresse. Comment aimer cette part de soi qui, parfois, peut être trouble, non pas dans le sens qu'elle serait perverse, mais parce qu'on en ignore l'origine, qu'elle nous échappe ?

L Je te reconnais bien là avec tes questions gigognes ! [Rires.] Avant peut-être d'y répondre, un petit passage par Paul de Tarse, celui qui a vraiment donné sa forme au christianisme. Il y a un malentendu très préjudiciable, c'est la confusion de la chair (opposée à l'esprit) et du corps (cf. Ga 5, 17). La chair, ce sont les tendances en moi qui ne visent que des satisfactions avides et égoïstes, souvent de manière compulsive. L'esprit, c'est la tendance en moi à aller vers le bien ultime qu'est l'amour. On retrouve ça dans le bouddhisme tibétain. Je lisais ce matin dans les souhaits de Lodjong la phrase suivante : « Que j'inverse mes désirs égoïstes pour les tourner vers l'amour et la compassion. » On a tout dit. Alors que, si on confond les tendances de la chair et le corps, on va dire que le corps est la porte du péché (c'est-à-dire de l'éloignement de Dieu) et on va maltraiter ce corps…

Si je reviens à ta question de profiter des plaisirs de la vie, la réponse est oui. La culpabilisation d'exister qui est hélas courante dans le christianisme doit être supprimée. Nous ne sommes pas d'affreux coupables d'une faute que nous n'avons pas commise, mais nous sommes des êtres créés, créés par un acte d'amour divin qui nous maintient dans l'existence. Notre seule finalité intéressante, c'est d'aller chercher dans cette source l'amour inconditionnel qui peut nous nourrir et animer notre vie. Ce qui est problématique, ce sont les avidités liées aux plaisirs, et qui ne sont pas du tout aimantes, ni envers nous, ni envers les autres.

Redis-moi la question suivante, j'ai la mémoire courte.

A Comment accueillir cette force, cette puissance, qui nous dépasse et dont nous ne connaissons pas la source ?

L Je crois que nous connaissons très bien la source de la sexualité : c'est un désir très profond qui nous pousse à nous accoupler pour que notre espèce se reproduise. Mais réduire la sexualité à la reproduction, comme l'enseigne l'Église catholique, est un peu court. L'envie de manger provient aussi de la nécessité de se nourrir pour continuer à vivre. On voit bien chez les personnes âgées qui perdent cette nécessité qu'elles en oublient de boire. Mais le plaisir reconnaissant que nous avons de manger de bonnes choses n'est pas à rejeter ! On ne dit pas qu'il faille manger uniquement pour se nourrir, et qu'il ne faut pas goûter les choses, ne pas en retirer du plaisir gustatif. C'est une attitude absolument perverse. Le plaisir est légitime ! Eh bien, il en est de même pour la sexualité. Mais dans l'acte de manger, on peut gloutonner, se gaver, ne pas profiter des goûts, mais se faire péter la ceinture. C'est ce que l'on appelle l'avidité, un comportement qui ne remplit pas le bon récipient. Admettons que j'aie un manque affectif ou de reconnaissance : je ne vais pas me bâfrer pour remplir ce manque ! Non seulement je ne vais pas être satisfait au niveau affectif ou de reconnaissance, mais en plus je vais être malade et je vais grossir.

A Maintenant que tu m'y fais penser, il faudrait que je me mette à la diète… [Rires.]

L Bon, on ne représente pas le Bouddha comme un ascète maigrichon. Il a eu une phase ascétique – comme moi au monastère – et puis il a compris que ce n'était pas ça le bon chemin, et pof, il a eu l'illumination…

A Comme moi quand je dévore le gâteau saviésan de Corine ! [Rires.]

L Ah ça oui ! En conclusion, j'aimerais dire que nous jugeons la sexualité en la regardant de travers, en trouvant que c'est sale, interdit, mauvais. Mais ce qui est mauvais pour nous, c'est l'avidité égoïste sous toutes ses formes. Cela nous mène à des abus de toutes sortes. Être conscient de nos avidités et passer à un mode de vie respectueux et aimant nous permet de vivre la sexualité de manière décomplexée, profondément satisfaisante… généreuse et divine !

A Un mien ami me disait que la vie serait bien plus facile sans le poids de la chair !

L Ah bon ?! Moi je dirais que la vie serait bien triste sans les plaisirs du corps, et en particulier les plaisirs liés à la sensualité, à l'érotisme et à la sexualité ! Tu as posé la question : mais n'est-ce pas normal de profiter des plaisirs de la vie ? Et la réponse est : mais bien évidemment !

3.5. Faut-il choisir une voie ? Liberté et formes traditionnelles

L Souvent, des gens me disent : « moi je suis (du verbe suivre) la voie de tel swami, de tel grand éveillé », ou bien : « moi je suis (du verbe être !) catholique, bouddhiste » et toutes les autres possibilités. Ce qui me frappe, c'est cet attachement à une « voie », attachement souvent catégorique, voire dogmatique. Qu'en penses-tu ? Faut-il absolument suivre une voie et s'y tenir ?

A À côté des grands concessionnaires du religieux, à côté des grandes enseignes de la spiritualité, il y a la réalité de chacune et de chacun, nos ressources et nos découragements. Et la force d'inertie qui les tire vers le bas. J'aime beaucoup, dans *Par-delà le bien et le mal*, Nietzsche parle, concernant ses opinions, d'un « granit spirituel[1] ».

[1] Nietzsche, *Par-délà le bien et le mal*, Le Livre de Poche, 2000, paragraphe 231.

C'est comme s'il y avait en nous des préjugés, des *a priori* qui peinent à se faire dynamiter, qui résistent. Mon *granit spirituel*, hérité du passé, dur comme du roc, est formé de peur, du manque de confiance, d'une incapacité à être totalement heureux.

L Oui, ça, c'est quand on a subi une éducation religieuse forte. Soit on s'identifie *mordicus*, soit on jette le bébé avec l'eau du bain.

A Précisément, la voie spirituelle est une invitation à dynamiter, à déposer ce qui nous plombe pour descendre vers le fond du fond. Déjà, repérer, voir ce granit. Tout faire pour qu'il ne devienne pas le centre de gravité d'une vie. Pour danser, il faut s'en libérer. Mais comment ?

L On serait alors dans une « non-voie » ou une « voie essentielle » qui serait au-delà des traditions et des religions ?

A La voie n'a pas de but. D'ailleurs, un principe du zen le résume bien : « Être sans but ni esprit de profit », ce qui rejoint Silesius.

L Et Eckhart ! Rechercher Dieu sans « pourquoi » (sermon 41).

A Chacun sa voie ? Nietzsche écrit, dans *Le Gai Savoir* : « N'aie cure de n'être fidèle qu'à toi-même et tu m'auras suivi. » Le risque est grand de tomber dans *ma* voie à *moi*, de rester figé dans *mes* catégories, de m'enliser dans *mes* projections. La voie est universelle, comme dirait maître Eckhart, il n'y a pas de Konrad ni de Heinrich au fond du fond (sermon 64).

L Ah oui, là tu touches un vrai problème. Je dis toujours que chacun et chacune est l'artisan de sa vie spirituelle et qu'il ou elle a toute autorité pour s'auto-diriger. Mais d'un autre côté, je vois aussi des gens qui sont enfermés dans leurs propres carcans mentaux.

A J'ai toujours apprécié les voies de carrefour, celles qui font fi des frontières, qui n'érigent aucun mur, celles qui ne stigmatisent ni ne discriminent. La voie, la pratique tient du marathon plus que du sprint. Épouser la spiritualité, ce n'est pas un à-côté, mais un engagement de chaque instant. Dans la *Lettre à Lucilius II*, Sénèque propose un paquet d'images pour révéler les bienfaits de la persévérance. Touchant à la lecture, cet exercice spirituel, Sénèque dit qu'il ne s'agit pas de voyager à tire-larigot, de passer d'un endroit à l'autre, mais de s'imprégner. À ses yeux, celui qui voyage beaucoup se fuit. Il ne rencontre que des hôtes, pas des amis.

L Oui, il y a des voies qui sont des non-voies parce qu'elles n'ont pas la prétention d'en être une. Certains maîtres zen sont souvent tellement iconoclastes qu'ils finissent par me plaire…

A La pratique est un art de vivre, de vivre heureux. Le stoïcien la compare à une médecine. Il nous dit tout de go que si on change de pansement trop souvent, la plaie ne cicatrisera jamais. Sénèque parle aussi d'une bouture qu'on arracherait à tout moment à son sol, jamais elle ne pourrait porter de fruits. Ni les aliments que l'on absorbe si on les rejetait immédiatement. Pratiquons à fond !

L Pratiquer avec persévérance est louable, s'attacher à une pratique comme à une bouée ou comme au Graal finit par être enfermant et contre-productif.

A À l'inverse, il est tentant de jouer au touriste spirituel, d'aller tout le temps voir ailleurs et d'abandonner quand pointent le vide, l'ennui, le découragement. À une période de ma vie, je fréquentais beaucoup Plotin. Ce penseur n'a de cesse, non pas de dénigrer le sensible comme on le croit souvent, mais de lui donner un rôle, une vocation de tremplin. Il nous apprend à nous détacher *du réel*, à ne pas l'absolutiser parce qu'il y a plus, mieux, beaucoup mieux ailleurs. Plotin nous prend comme par la main pour nous élever à l'union à l'Un. J'ai compris, grâce à cet ascète, que je ne me réduis pas à mon corps et, encore moins, à mon handicap. À l'époque où je découvrais les *Ennéades*, la coïncidence est rigolote, un thérapeute m'a proposé un massage oriental pour relâcher mes tensions. En plein massage, au paradis presque, puissamment ancré dans le corps et les sensations, je me suis rappelé Plotin. Et j'ai pu profiter à fond du moment. Sans me ligoter aux joies reçues, sans la peur du manque. Des mains, de l'huile, un peu d'encens et Plotin… J'ai perçu, expérimenté qu'un chemin pouvait m'aider à m'établir dans le corps, ici et maintenant. Apprendre à jongler avec les outils, les remèdes, les voies proposées par les multiples traditions, ne rien rejeter, faire feu de tout bois, sacré et magnifique défi. La voie, universelle, n'est pas celle d'un moi limité social, personnalisé. Il n'y a pas de Konrad ni de Heinrich. Hyperintime, sans copier-coller ni mimétisme, loin de l'orthopédie de l'âme et des prêt-à-penser, nous naissons tous nus et c'est ainsi que nous progressons sur la voie.

L C'est le dépouillement, le détachement d'Eckhart. La nudité de l'âme devient nudité de Dieu en lui-même…

A Parfois sévit dans le monde spirituel un immobilisme, un fatalisme qui peut devenir coupable lorsqu'il incite à démissionner, voire à justifier la détresse des autres. Là aussi, ne pas se figer dans une posture mais, comme disait Houei-Neng, cet immense patriarche du zen, pratiquer la non-fixation, avancer. L'esprit passe du coq à l'âne. Loin de nous en émouvoir, nous pouvons réaliser l'immensité de l'esprit qui n'a aucune limite. Un jour, pataugeant dans d'épais tourments, j'ai appelé un guide zen: «J'ai l'esprit comme dans une machine à laver le linge. Ça tourne à mille tours minute.» La réponse a été magistrale: «Laissez tourner.» Sur le moment, ces mots m'ont vachement apaisé. J'ai pris conscience que la détente, le relâchement, la paix résidaient dans la non-maîtrise. Il est vrai aussi que tous les jours, chez le médecin, dans la vie quotidienne, j'essaie toujours de poser des actes pour aller mieux. D'ailleurs, mes enfants ont retenu la leçon. Un jour, mon fils prenait une douche. J'ai vu avec effroi l'eau couler sous la porte. J'ai couru vers Augustin en criant : « Tu vas finir électrocuté comme Claude François ! » Augustin, grand pratiquant, m'a immédiatement rétorqué : « Va chercher un balai et une serpillière. » Voilà une leçon que j'ai apprise grâce au zen. Pas de blabla, pas de surcommentaire sur la réalité, mais répondre à l'instant, parfaitement présent.

L Je vois la scène et je vous reconnais bien là ! [Rires.] L'acte juste, diraient les mystiques chrétiens, c'est l'acte qui vient du fond de nous-mêmes, de cette source divine, et qui fait l'économie du voile de l'ego qui veut ceci ou cela comme ceci ou comme cela. Quand on y parvient, c'est très apaisant.

A J'ai toujours l'impression d'avoir le cul entre deux chaises : certains bouddhistes, comme je te le dis souvent, me reprochent de croire à une transcendance. Et des chrétiens voient d'un mauvais œil mes *incartades* du côté de Siddhartha Gautama où je puise quelque réconfort. Il faut se méfier, selon l'adage, de l'homme d'un seul livre (Thomas d'Aquin : *Timeo hominem unius libri*). Pourrait-on dire la même chose de l'être d'une seule voie ?

L L'autre jour, j'ai eu un homme « d'un seul livre », qui le prenait au pied de la lettre et qui en tirait une théologie primaire à base de quelques citations. J'ai eu peur, car il n'acceptait pas qu'on puisse penser autrement et il en était totalement angoissé, cherchant à te culpabiliser parce que tu ne pensais pas comme lui, c'est-à-dire la seule vraie et bonne manière de penser. Froid dans le dos.

A J'ai peur des ghettos spirituels. Nietzsche dit quelque part : « *N'entrez pas dans les églises si vous voulez respirer un air pur.* » (*Par-delà le bien et le mal*). C'est vrai ! Quoi de plus dangereux que s'approprier, devenir des sachants et se mettre à la place de Dieu ? La voie se conjugue au présent et à la première personne. Il ne s'agit pas d'asséner des *diktats*, de bombarder de conseils, ni de balancer des recommandations comme on jetterait une poignée de graviers, mais d'explorer, de rester ouvert, infiniment ouvert.

L On revient à la sagesse primordiale qui est de savoir qu'on ne sait rien, et que tout ce qu'on sait n'est que relatif.

A Dans le détachement, il s'agit même de se libérer de la voie.

L Une voie est une impasse si elle ne débouche pas sur l'universel. On peut bien sûr se sentir à l'aise dans une voie et l'approfondir, mais dogmatisme et rigidité sont les deux mamelles du fanatisme et de l'orgueil spirituel ! Bon et puis si une voie était vraiment la meilleure, ça se saurait…

3.6. Qu'est-ce qui aide ?

A Souvent, dans la peine, quand on m'assène des conseils, j'y vois, comme je l'ai dit, une poignée de graviers qu'on me lancerait à la figure alors que j'ai besoin d'une bouée. À propos de bouée, Trungpa a une magnifique image. Il existe une confiance *naïve* qui nous laisse croire qu'il y a quelque part un radeau où nous abriter. Une confiance plus profonde née, quant à elle, de l'expérience. Oui, il est possible de flotter sans bouées ni radeaux, sans gilets de sauvetage. D'où une question… Comment entrer, plonger dans cette confiance ? Comment expérimenter la joie de flotter sans bouée ? Jusqu'à présent, j'ai tendance à penser que cette confiance est donnée par l'autre, par le regard inconditionnel de proches, par leur accueil radical.

L C'est certain que l'amour inconditionnel que l'on reçoit dans sa vie nous aide à avoir cette confiance. Néanmoins, j'ai beaucoup entendu de gens me dire : « Je n'ai jamais reçu d'amour, je ne peux pas en donner, je ne peux pas savoir ce qu'est l'amour inconditionnel.» C'est là qu'intervient le «fond du fond» d'Eckhart, cette Présence qui me dépasse, qui est pure Conscience et pur Amour. Et cela, personne ne peut me l'enlever.

A Récemment, ma fille a commencé des études de sociologie. Pour lui emboîter le pas, j'ai parcouru les bouquins d'introduction sur le sujet, avec grand profit. Un livre intitulé *Stigmate*, écrit par un sociologue américain, Erving Goffman m'a énormément impressionné. J'ai été surpris de l'entendre parler des personnes marginalisées, stigmatisées, des personnes handicapées. Il a remarqué que très souvent, l'individu qui se sent exclu a tendance à surcompenser. Il doit, il cite, «devenir philosophe», ne pas se montrer haineux.
Pour s'intégrer, la personne handicapée est incitée, le mot est faible, à compenser, sourire, ne pas gueuler, rentrer dans le rang, subir en quelque sorte une orthopédie mentale. Édifiant!

L Ben, ça a aussi un avantage, c'est que tu as surcompensé en philosophant comme aucun ne l'avait fait, en étant proche des gens et en rendant la philo plus quotidienne. Mais tu as bien sûr raison de dire que le handicap, c'est… handicapant… [Rires.]

A Parfois, j'ai peur que la spiritualité remplisse un rôle de stabilisateur, de contrôle social, alors que sa vocation est émancipatrice. On pourrait dénicher mille dérives comme la fameuse loi d'attraction qui stipule que nous attirerions ce que nous souhaitons, mais aussi ce que nous craignons. Tu t'imagines balancer cette théorie à une personne atteinte d'un cancer ? Sur le plan scientifique, cette perspective me paraît discutable, mais éthiquement, n'est-ce pas aussi une forme de maltraitance ? Certes, le mode de vie influence le corps, mais de là à s'attribuer la responsabilité d'une maladie, il y a un gouffre, un paquet de jugements et de la condamnation.

Dans une société capitaliste, l'opinion a tendance à placer la responsabilité du malheur dans le seul individu et à le renvoyer à l'auto-gestion. Si tu as des angoisses, médite ! Si tu traverses un deuil, médite ! Médite ! Médite ! Médite !

L La grande erreur de ce type d'attitude – qui a mené à une instrumentalisation de la méditation –, c'est d'en faire un outil de développement personnel. C'est dommage, parce que cela peut beaucoup plus. Mais pour moi le problème, c'est l'instrumentalisation de la spiritualité.

A Chögyam Trungpa, immense maître de méditation, l'un des meilleurs, invitait à bâtir une société plus éveillée et donc plus solidaire. Méditer, oui, et poser des actes, transformer le monde, aimer la réalité.

L Aller dans le «fond» me transforme nécessairement, et toujours dans le sens de plus d'amour et de moins de conditionnements. Dans son livre *Le Bug humain*, Sébastien Bohler dit que la seule manière de ne pas aller dans le mur pour l'humanité serait la pleine conscience !

A C'est ce qui est fabuleux chez Nietzsche. Il concilie l'*amor fati* – l'amour du réel – et le dépassement de soi. Marx parle de naturalisation. On a naturalisé, c'est-à-dire considéré comme une évidence naturelle, un fait accompli, tant d'injustices. Pourquoi ne pas remettre en question les inégalités, la marchandisation de tout, la responsabilité individuelle de celui qui peine ? Comment revenir à une société plus solidaire ?
Certes, notre pouvoir reste très modeste, nos sphères d'influence, comme on dit, sont très humbles. Pourtant, je rêve d'un effet boule de neige. Comment la société peut-elle interroger les schémas qui nous aliènent ? À côté des conditionnements individuels fabriqués ou hérités, Pierre Bourdieu parle d'*habitus*. Nous marinons

dans un bain qui nous imprègne. Les conditionnements sociaux, et Bourdieu l'a bien montré, nous déterminent sans cesse.

En ne se focalisant que sur les individus, comment donner la chance au plus grand nombre, à la société, de se déconditionner ? Comment lutter activement pour l'égalité ? Les défis sociaux sont hyperimportants. Le philosophe, comme le maître spirituel, ne vit pas planqué dans son coin, il doit s'engager, retrousser ses manches, aider, poser des actes.

4

En guise de conclusion

La vie spirituelle comporte deux chantiers essentiels :

- D'une part, l'*inspiration* : descendre au fond du fond, rejoindre qui nous sommes réellement, expérimenter la joie au-delà des conditionnements, des manques et des préjugés, des blessures, de la peur et des passions tristes.
- De l'autre, l'*expiration*, laisser jaillir, oser le don de soi, la générosité, une vie solidaire, l'amour inconditionnel.

Savoir nous nourrir des traditions pour inaugurer un chemin, ne pas nous aliéner à une voie particulière, faire plouf à chaque instant…

Ne pas absolutiser une pratique, circuler dans la liberté, voilà le défi. S'imprégner des enseignements qui nous touchent, demeurer auprès des grands spirituels, c'est comme s'offrir une halte à une station-service pour faire le plein et continuer la route.

Pour combattre l'illusion spirituelle et repérer si on s'égare, une boussole : suis-je en train de progresser dans la paix ? D'accéder à une joie profonde ? L'amour jaillit-il de mon être ?

5

Bonus

5.1. Dix points pour se décoincer psychologiquement

1. Comment aider ?

A Pile-poil dans la perspective de ce livre. Hier, Augustin m'a reconduit à l'essentiel. Il devait passer un examen oral. Il avait hyperpeur, il a même vomi. Un peu provocateur, je lui ai débité une leçon : « C'est ton mental qui a peur ! » Sa réponse m'a touché : « Papa, ce genre de remarques ne m'aident pas le moins du monde. Au contraire, ça m'enfonce encore plus ! » Trop souvent, des ribambelles de conseils pleuvent sur celles et ceux qui galèrent déjà. Les « Prends-toi en charge ! », « C'est ton ego ! », « Tu es trop dans le commentaire ! », « Sors de ton mental ! », relèvent presque d'une maltraitance.

L Ma réponse est qu'il faut bien sûr toujours entendre le mal-être et la souffrance, et les reconnaître. C'est toujours comme ça au début, parce que s'il n'y a pas ce moment de mise à plat de là où on part, on ne peut pas avancer après. Ton fils a peur d'un oral, alors qu'il aura une super bonne note. Ta réponse est juste : c'est le mental qui lui joue des tours. Mais d'abord, commencer par dire : « Oui, j'entends ta peur. » En revanche, il ne faut pas en rester là. Parce que le mental est ravi qu'on le brosse dans le sens du poil, et il va continuer à faire avoir des angoisses pour un examen qu'on peut passer haut la main. Mais Augustin a raison lorsqu'il dit que ça n'aide pas de simplement nommer ce problème. Alors, comment dire la source du mal-être tout en le reconnaissant ? C'est un exercice tout en finesse… L'accompagnement ne doit pas asséner des vérités toutes faites, mais recevoir la plainte et mener en douceur vers un mieux-être…

Le plus grand frein, à mon avis, dans ces situations, c'est que c'est l'ego lui-même qui se défend, car il a peur de disparaître : « Mais si je ne remue pas des émotions, négatives ou positives, je ne suis rien ! » Et l'ego – surtout chez les gens capables d'argumenter – trouvera toujours mille et une raisons pour prouver qu'on ne peut rien changer. C'est le drame des victimes professionnelles.

A Qu'entends-tu par là ?

L Lorsque certaines difficultés de la vie sont vécues comme une fatalité insurmontable (perdre un proche, par exemple, avoir manqué de l'essentiel dans l'enfance, etc.), la victime peut s'enfermer dans ce rôle de victime et être victime de son rôle. Il ne s'agit pas de nier la difficulté, mais de voir comment l'intégrer dans un nouveau mode de vie positif. Pour le même traumatisme, j'ai vu des gens réagir très différemment. Certains s'enfoncent dans un désespoir, d'autre en ressortent blessés, certes, mais plus aimants et plus forts. Et le drame de la victime, c'est qu'on ne peut pas le lui dire.

2. Peurs et tocs, résolutions ?

9 mai 2023 (message audio, après quelques jours ensemble dans une Chartreuse où Laurent enseignait le chant grégorien)

A J'espère que tout va bien pour toi. Je voulais te dire un grand merci pour cette fabuleuse semaine qui m'a fait tellement de bien. Merci pour ton amitié, ton amour, j'allais dire.

Les frères m'ont énormément touché. Je suis rentré fatigué, épuisé, mais le cœur plus léger. Je souhaite de tout cœur changer mon mode de vie pour le rendre plus propice à la paix. D'ailleurs, j'ai inscrit dans mes notes quelques idées :

Principe de la Chartreuse : pas de superstitions mais abandon et confiance.

Quand je suis arrivé au monastère, j'étais broyé par le mécanisme de la peur. J'ai compris qu'il fallait construire un avenir, l'inaugurer, cesser de rester passif. Je commence à expérimenter le principe de positivité. Dès que je rumine, je me nourris de belles choses.

La solution à mes angoisses qui, tu as raison, sont pires que le handicap, c'est un art de vivre, se rediriger vers ce qui va bien.

J'ai aussi écrit qu'il me fallait m'abandonner dès que j'avais des tocs, ne pas rentrer dans la spirale des scénarios catastrophes. Dans les *Entretiens spirituels*, Eckhart, au chapitre 19, me prête main-forte : « Nos œuvres ne contribuent nullement à ce que Dieu nous donne quelque chose ou qu'il fasse quelque chose pour nous. » Ça m'aide beaucoup.

Maître Eckhart conseille de se libérer de la volonté propre, d'oser l'abandon. Un père chartreux m'a dit que notre identité provenait intimement de Dieu, non du regard d'autrui. Si je dépends de l'opinion des autres, je suis un esclave. Le rapport à Dieu est premier. C'est lui qui libère le lien avec les autres, avec le réel.

Voilà dans les grandes lignes ce que je retiens de ce magnifique séjour au monastère.

(Réponse de L par mail)

L Oui, le passage à la chartreuse a été fructueux. Tu as mis le doigt sur les questions de fond. Ne pas ruminer les peurs, mais se nourrir de bon et de bien. Et pareil pour les réactions automatiques : ne pas tomber dans l'engrenage.

3. Règle de vie ?

Samedi 20 mai (audio)

A J'aimerais retrouver la joie et rayonner si fort que les autres aient besoin de mettre des doubles lunettes de ski tellement j'irradie de mon fond.
Rédige-moi une règle de vie en dix points !

(Réponse de L par mail)

Règle de vie alexandrienne
(4,31e siècle avant la première
dent de lait du Bouddha)

§ 1 La joie est le fond de mon être. Si je ne suis pas dans la joie, je ne suis pas dans le fond de mon être. Je consacre plusieurs moments de la journée à me remémorer cette vérité.
§ 2 Ma fonction en ce monde est d'aider les autres à s'éveiller un peu plus à leur vérité humaine et à la vérité spirituelle. Partant de là, mes problèmes personnels sont peu de choses. Chaque personne qui aura progressé grâce à ma médiation me remplira de joie et de plénitude.
§ 3 L'amour inconditionnel est la manifestation de l'amour divin, de la volonté divine en moi. J'en prends de plus en plus conscience et je le distingue de l'amour-désir qui est un échange de bons procédés.
§ 4 Le premier objet de mon amour inconditionnel, c'est moi-même. Je me respecte, je ne me fais pas de mal en broyant du noir ou en angoissant sur des choses inexistantes.
§ 5 Quelle réalité ont mes problèmes ? Au lieu de m'y noyer, je les remets dans un contexte

plus vaste, je sors la tête de la petite mare de mes difficultés pour regarder autour de moi.
§ 6 Je prends plusieurs fois par jour la décision de refuser les cercles vicieux de mes phobies, de mes angoisses, de mes fausses croyances.
§ 7 Si je m'aime, je suis attentif à mon corps, je le nourris bien, je lui donne ce dont il a besoin, je lui fais faire de l'exercice, je lui donne le droit de dormir, je ne le bourre pas de médicaments.
§ 8 Mon cerveau turbine beaucoup, il faut que je lui apprenne à turbiner quand c'est le moment. L'agitation mentale n'est pas une fatalité, c'est un oubli de la réalité du corps. Retrouver le corps organise la pensée plus efficacement.
§ 9 La vérité, c'est l'adéquation entre ce que je dis et ce que je fais, entre ce que je fais et ce que j'explique. Chaque grain de sable entre la parole et l'acte enraye la vérité.
§ 10 Chaque jour, j'apprends un peu plus à être seul. La solitude n'est pas un manque, c'est l'occasion de trouver mon fond. La solitude n'est pas une malédiction, c'est une bénédiction pour les gens que je vais aider après. Je n'aide pas les gens en étant accroché à eux, je les aide en étant moi-même posé sur mon fond.

§ 11 Je prends conscience de ma fonction dans le monde et j'essaie d'y être fidèle. J'ai reçu ce don, je n'y suis pour rien.

P.-S. : Bon, en me relisant, je me dis que les règles c'est bien beau, mais faut pas que ce soient des pièges ou des injonctions. C'est juste un horizon, là-bas au fond, avec des jolies couleurs.

4. Injonction et ego ?

Dimanche 21 mai (audio)

A La grande question mystique n'est pas tant de dire : « Le fond du fond est joyeux », « Tu es déjà la nature de Bouddha », mais d'y conduire, sinon on s'emmure dans l'injonction, « Allez ! Soyez dans le fond du fond ! ». Le hic, c'est comment y accéder, comment inviter l'autre à s'y jeter. Autrement, on reste à la surface, dans l'extériorité : « Moi, je te le dis ! Tu n'es pas dans le fond. » Le défi réside dans les moyens concrets pour y plonger. C'est pourquoi maître Eckhart prêche. Les béguines qui l'écoutent dans les stalles, comme nous tous, ont besoin de la présence d'un témoin pour goûter l'expérience du fond. Je partirai de là. Point d'injonction, dans la vie spirituelle.

L Oui, l'injonction spirituelle que je me mets à moi-même (« Tu devrais plus méditer ! », etc.) vient de l'ego spirituel, qui est parfois assez subtil. Lorsque l'information vient d'une personne qui prodigue un conseil, cela peut être une injonction venant de l'ego, évidemment, mais aussi être *reçu* comme une injonction. Comme si quelqu'un me disait : « Tu te sens en surpoids ? Peut-être devrais-tu être attentif à ce que tu manges », je peux réagir en me disant : « C'est du bon sens, je vais manger en conscience », ou bien : « Je le sais bien ! Mais c'est une injonction, et ça ne m'aide pas du tout ! De quoi est-ce que tu te mêles, tu n'y connais rien. » L'injonction peut donc venir de l'ego qui veut, ou de l'ego qui ne veut pas.

A Plotin traite de trois sortes de vertus. Les vertus civiques qui aident en quelque sorte à maintenir la société, les vertus purificatrices qui sculptent l'être et les vertus contemplatives qui conduisent au plongeon dans la paix. Pas de mode d'emploi, aucune recette, des chemins. Tilopa, un sage oriental, parle des *cinq méthodes* qu'il formule ainsi : « Ne pensez pas, ne réfléchissez pas, ne connaissez pas, ne méditez pas, n'analysez pas. Laissez l'esprit tel qu'il est. » Magnifique ! Super concret ! *Bye bye* les couplets du style : « Sois dans le fond du fond ! Vas-y ! Sois calme, détendu ! » Pas de volontarisme ni de spiritualité aux forceps. Plotin comme Eckhart se méfient de la gnose et des caricatures de la voie. Certains courants postulent qu'il y aurait un savoir, une technique, un code de conduite tout tracé. Comment aider réellement un être à faire l'expérience de la pacification ? Les amis qui m'aident à naviguer dans le fond ne m'ont jamais asséné de discours. Ils sont là !

L Oui, Eckhart, et tous les autres, d'ailleurs, disent toujours que l'expérience du fond n'est pas descriptible. Déjà même le mot d'« expérience » est trop lié à ce qui est sensible, perceptible. Peut-être que le mot « état de fond » serait meilleur… Comme une petite musique qu'on n'entend pas, mais qui est présente. Et cette petite musique change la vie. Oui, il est plus important de guider quelqu'un dans le paysage de sa propre vie spirituelle que de lui expliquer cent fois tous les détails de la carte Michelin.

5. Être en joie ?

A Souvent, en plein désarroi, j'essaie de dissiper mon mal-être à grand renfort de livres spirituels. Je me souviens d'une fois où j'ai laissé mes grimoires pour écouter une chanson des Rita Mitsouko. Le rythme et les paroles déjantées m'ont mis *illico* en joie. Non seulement à la manière de Schopenhauer quand il affirme que la musique nous plonge dans la contemplation, mais aussi, physiquement. Quand je me promène avec mon chien qui se prénomme… Tilopa [rires], je passe en un quart de seconde d'une intériorité de grand brûlé à l'extériorité hyper-pacifiante d'un beau paysage. Rousseau, qui adorait herboriser, montre bien que la nature se déploie dans l'acceptation. Un arbre est un grand oui.

Une abeille, un coquelicot aussi. Sortir, faire une balade avec Tilopa, m'extrait des ruminations qui tournent à vide… Je viens de découvrir un podcast sur Plotin. Il citait Eckhart: « Moins on est soi, plus on est. » Génial paradoxe de l'intimité spirituelle !

L Eckhart va dire : « Plus je suis vide de moi-même, plus je suis plein de Dieu » (*Traité du détachement*). Les gens craignent toujours de se perdre en lâchant les petites certitudes et les grands doutes de leur ego. Mais se vider de soi-même (des conditionnements auxquels on s'identifie), ça n'est pas tomber dans un vide intersidéral sans plus rien où se raccrocher, c'est au contraire revenir à la maison, être pleinement soi-même. J'aimerais parfois pouvoir faire sentir que ce retour à soi qui se produit en laissant les contorsions de l'ego qui veut et ne veut pas, c'est comme de sortir d'un film d'horreur dans lequel on s'est plongé pour se rendre compte qu'on est à la maison, que c'est calme et qu'il y a un gâteau dans le frigo [rires]. L'illusion du film d'horreur, c'est de vouloir nous faire croire que c'est lui la réalité et qu'on ne peut pas en sortir. C'est comme si le réalisateur disait : « Vous ne pouvez pas sortir de la série, vous êtes prisonnier de votre siège, vous allez encore avoir plus peur… » Mais revenir à la maison, c'est plutôt paisible et joyeux…

A Oui, et d'ailleurs la première question philosophico-spirituelle est livrée par Spinoza : Qu'est-ce qui nous met véritablement en joie ? Une fois trouvé le moteur, on se débrouille.

L Et la joie, elle est toujours là, dans le fond. Mais l'ego ergotant est toujours là pour nous dire que la salle est fermée ou bien qu'elle n'existe pas. On peut gentiment lui dire : « Oui, merci, mais j'y vais tout de même », comme si on traversait un dragon qui ne serait qu'un hologramme… Ce dépouillement de l'ego n'est pas une guerre de tranchées, c'est juste traverser l'hologramme. Et alors la réalité se manifeste…

A Plotin rappelle que le pratiquant progresse vers l'Un comme les prêtres dans les mystères d'Éleusis, nu. Il enjoint de devenir aveugle à la beauté sensible, à savoir ne pas en être l'esclave… « Tiens-toi aveugle et nu si tu veux accéder à l'Un… »

L C'est aussi l'expression d'Eckhart, « nu et dépouillé ». Cet argument est imparable de simplicité : Dieu est nu et dépouillé, rends-toi nu et dépouillé.

6. S'oublier dans le don ?

23 mai (Lons-le-Saunier, Rêves de Gosse, tour de France des baptêmes de l'air pour des personnes handicapées)

A J'ai eu l'immense chance d'être invité par Rêves de Gosse. Cette magnifique association organise des baptêmes de l'air pour des enfants dits *extraordinaires*. *Occasion rêvée* de savourer ce que pourrait être une société réellement éveillée. Sur le tarmac, dans les airs, j'ai senti une immense solidarité nous unir tous. J'ai saisi encore plus profondément les deux mouvements que revêt une vie spirituelle. Descendre en soi (même en avion !) et se donner.

*

A C'est rigolo, un ours accueillait les enfants en distribuant des câlins. Je me suis *illico* demandé qui pouvait bien se cacher derrière le déguisement. J'imaginais un clown, une dame âgée, une infirmière. J'ai découvert que c'était un militaire, super beau. Ça m'a ému aux larmes de voir un individu qui incarne l'ordre être aussi doux, bienveillant, généreux. J'ai eu envie de me fondre dans les bras de l'ours. Quel accueil ! Dans la foule, pas de moqueries, nulle étiquette, pas de « handicap ».

Pourtant, c'est dingue, pendant une fraction de seconde, j'ai redouté un rejet à cause de mon orientation.

L Le milieu militaire et le milieu religieux ont le même dogme : peu de croyants, mais beaucoup de pratiquants [rires].

A L'accueil magnifique que j'y ai reçu m'a donné une joie, un élan immense : Réputation, qu'en-dira-t-on, étiquettes, tout le monde s'en contrebalançaient. J'ai rejoint plus intimement ma vocation première... Essayer d'être là pour celles et ceux qui n'ont pas forcément accès à la parole, celles et ceux que la société ne veut pas écouter. L'amour qui rayonnait au sein de cette association me fascine. Rien à voir avec le paternalisme, la pitié que, enfant, j'avais dégustés à la louche : petits, des motards nous promenaient une fois par année, cette générosité éphémère me crevait le cœur. À Rêves de Gosse, le tour en avion n'est que la cerise sur le gâteau. Toute une démarche d'intégration et de mixité avec des personnes non handicapées se dessine sur le long terme. Des liens, des amitiés, fécondes, vraies, se tissent.

*

Ce que j'ai découvert grâce à toi chez maître Eckhart me désencombre, me libère. Je peux enfin me donner aux autres. Finalement, je passe mon temps à chercher du réconfort ou que sais-je. Mais quand je suis avec les autres, les soucis déguerpissent. La paix me visite, mais comme les motards de ma jeunesse, elle ne s'attarde pas.

L C'est aussi le génie d'Eckhart – bon, je parle tout le temps de lui, mais faut dire que c'est un pote que j'ai beaucoup fréquenté – qui dira simplement : « Être dans la conscience de l'instant présent, sans avant et sans après. » Ça peut sembler banal, mais c'est vrai que je ne peux pas vivre dans l'appréhension de recevoir une contravention routière, alors que je ne sais pas si j'ai été en excès de vitesse, et être chaque fois paniqué en allant à la boîte aux lettres : je me pourris la vie. Si j'en ai une, eh ben, je la paierai… Mais en attendant, je n'ai pas besoin d'en avoir peur au quotidien…

A Quand l'existence me sourit, j'ai l'impression de rouler à 120 km/h sur l'autoroute et d'avoir lâché le volant… Quelqu'un tient le volant à ma place… abandon, confiance.

*

(Prise de parole à Lons-le Saunier, Rêves de Gosse)

J'aimerais vraiment vous remercier du fond du cœur. Pourquoi est-ce que le monde n'est pas comme ce qu'on a vécu aujourd'hui ? Pourquoi est-ce qu'on ne vit pas dans une société éveillée, solidaire où les militaires se déguisent en nounours ? [Rires.] Mon anti-militarisme fut ébranlé dans ses convictions. J'aimerais dire merci pour tous ceux qui ne peuvent pas dire merci : merci pour qui vous êtes, merci pour ce que vous faites, merci pour ce que vous êtes entre vous. Il y a beaucoup de charité qui se distribue dans le pathos, ici on est dans la joie. Pardonnez-moi de faire de la philo en dehors des heures de boulot, mais il y a Spinoza qui distingue deux trucs : la pitié et la compassion. Dans la pitié, ce qui est premier, c'est la tristesse. On a de la tristesse de voir l'autre souffrir et on tombe dans la pitié. La compassion au contraire, ce qui est premier, c'est l'amour, l'amour comme moteur. Je pense que ce tour de France « Rêves de gosse » est comme une allégorie de la vie. Chaque soir, on quitte un lieu pour un nouvel ailleurs et c'est peut-être un exercice avant d'aller au lit. Se poser, à la Sénèque, deux questions : Qu'est-ce que je veux laisser ici pour aller plus léger vers la vie et qu'est-ce que j'emporte ? Qu'est-ce que j'ai à laisser pour aller vers la vie, et qu'est-ce que je peux tirer comme enseignement de la journée ? Et un dernier truc, c'est que ce n'est pas éphémère, ce que nous vivons là. C'est dans la durée, c'est au quotidien. L'amour inconditionnel, c'est sept jours sur sept. Et j'aimerais particulièrement remercier tous les gens qui sont auprès des gens extraordinaires et ordinaires – on se fout des étiquettes –, mais qui sont là au quotidien. C'est marrant, dans l'après-midi, j'ai entendu le mot « handicapé », et d'habitude ce mot me choque. Mais là, tout d'un coup, il était désarmé de sa charge stigmatisante. Merci à tous.

7. Quelques perles du quotidien

24 mai 2023

A Dieu se sert de mes défauts, il ne me veut pas autrement…

25 mai 23

A Voyage en avion avec une petite fille de 10 ans, atteinte d'une maladie incurable…
Sous-titre : Leçon de spiritualité à deux mille pieds
Le pilote, style Colombo, hyperbourru, dit : « Qu'est-ce que tu peux dire à une personne comme ça, tout ce que tu diras, c'est de la m… » Durant le vol, le même pilote est hyperattentif, méga-généreux avec l'enfant. Génial ! Une pure délicatesse. Au-delà des mots… toujours au-delà des mots…

Titre d'un prochain livre : *Sois philosophe… ou Des pesantes injonctions et de la vie spirituelle… Bisous…* J'aime bien les trois petits points. Ils disent la complexité du réel qui ne se réduit pas à une formule. Bisous, trois petits points.

6 juin

A Imaginer son crâne dans cent ans… Exercice spirituel, apaisant… souverainement apaisant… Que restera-t-il de mes soucis dans dix ans ?

7 juin

A Le futur n'est qu'une pure abstraction. De fait, il n'existe pas. On a l'impression que c'est un point vers lequel on se dirige alors que le futur se crée en marchant. Ce n'est pas une cible qui préexisterait, c'est un chemin qui se déroule… Le futur n'existe pas. Le « Sans avant, sans après » d'Eckhart.

13 juin

L Aujourd'hui, petit tour à l'hôpital pour un contrôle. Grand soulagement, mais une fois franchie la porte du médecin, peur d'un cancer. J'entre dans la chapelle de l'hôpital. Je n'arrive pas à prier tant les pensées sont volcaniques. J'aperçois la Bible, je dépose un bisou sur l'Évangile et je repars. Quand Pascal écrit « Abêtissez-vous ! », peut-être veut-il indiquer une voie vers le cœur qui arrête de projeter un futur négatif.

8. Le non-jugement gagne ?

A Augustin se promène avec un copain un brin homophobe qui lui explique que ce n'est pas normal, que les garçons ne doivent pas se colorer les ongles… Mon fils réplique : « Mais qu'est-ce que ça peut te foutre, comment les gens vivent… » Plus tard, ils croisent un groupe de personnes handicapées, le même reprend : « Ça me fait pitié de les voir comme ça. » Augustin rétorque : « Mais qu'est-ce qu'on en sait qu'ils ne sont pas hyper-heureux ? Pourquoi leur coller toujours des étiquettes ? » Un camarade propose une partie d'échecs, ils jouent, Augustin dit qu'il n'y connaît rien au jeu, qu'il ne sait pas trop comment jouer. Le pote lance : « T'as conscience que je domine… » Augustin me raconte qu'il était en mode « Colombo » sans le savoir… Quelques pions, puis Colombo, surpris… remporte la partie… Exclamation du gars : « Eh ben ! Mon roi est tombé… » Nonchalance, détachement, confiance… Style Columbo…

L C'est trop beau, l'histoire d'Augustin ! Et la conclusion s'impose : le non-jugement gagne toujours. On a toujours l'impression d'être quelqu'un de bien lorsqu'on dit que les autres ne sont pas bien. Ça nous met au-dessus de tout le monde, une sorte de juge absolu qui saurait le vrai et le faux. Mais quand on a compris que mes jugements ne sont que le croisement entre mes conditionnements et la folie des grandeurs de l'ego…

9. Liberté et détachement ?

14 juin

A Discussion avec Larry, un disciple de Chögyam Trungpa. Fascinant ! Je comprends ce type qui ne parle pas un traître mot de français. Je lui raconte que je me réveille en pleine nuit à cause de ma disgrâce. Lui répond que c'est super, que tout mon être est en train de se transformer. Je n'ai pas à avoir peur. Le défi, c'est de ne pas réagir. « Même si un jour, tu croyais que la terre entière t'accusait, ton challenge serait de voir que le moi n'existe pas, que tout est un gigantesque gag ! Ce détachement, ajoute-t-il, est tout sauf de la légèreté. Il s'agit d'être là et en même temps, de n'être pas là. » Il me balance qu'avec tout ce que j'ai souffert, ce qui pourrait me tomber dessus tiendrait du détail. Mais justement, j'ai tellement morflé. Comment ne pas redouter qu'un truc en plus me coule carrément ? Larry dit que les forces du cœur sont infinies. L'exercice, c'est d'être conscient. Mais être conscient relève aussi de l'effort ? Il délivre son ordonnance « Précisément. L'objet de la conscience, c'est peut-être de voir que tu es tout le temps dans l'effort… » On rigole bien. J'aime bien ce type qui parle de spiritualité sans se prendre la tête. J'ai trop tendance à m'accrocher, à lutter encore plus dans les domaines où j'ai l'impression que je n'ai aucune maîtrise, alors que c'est où il me faut tout lâcher. Ça n'est pas mon problème. Réputation, qu'en-dira-t-on, ce n'est pas mon problème… ça ne dépend pas de moi. Donc liberté totale…

10. Une société éveillée ?

A Comment se reposer quand on n'a pas appris à lâcher prise ? Comment goûter la non-action lorsque l'angoisse nous visite mille fois par jour ?
Comment oser ne rien faire, n'avoir aucun but dans l'instant ?
La spiritualité c'est de l'action et de la contemplation, du repos et bâtir une société éveillée ?

5.2. Dix pratiques pour faire le silence en soi

L La méditation c'est un peu comme la plongée sous-marine. Tant que je reste dans la couche du haut, je ne vois que les poissons qui tourbillonnent autour de moi, et je ne sais pas où donner de la tête. Ils sont tous plus fascinants les uns que les autres. Ça, c'est le bocal du mental. Ce ne sont pas les poissons qui sont agités, mais mon regard. Les poissons sont paisibles (la plupart du temps), c'est mon regard fasciné qui va de l'un à l'autre. Bref, ce ne sont pas les pensées qui sont agitées, mais l'attention qui est volatile. Il ne faut donc pas zigouiller les poissons un à un, mais ne plus leur prêter attention et continuer à descendre.

En résumé :
Pour calmer le mental agité :
Je dirige mon attention vers toutes les perceptions.

Cela va canaliser l'attention et l'apaiser.
Alors, l'esprit est beaucoup plus calme et spacieux.

PRATIQUE 1 : *Recoller les morceaux du corps*

Je revisite tous mes morceaux éparpillés et non conscients de mon corps, et je les rassemble en une unité.

Je ne laisse plus mon attention divaguer, mais je l'invite à prendre conscience d'un pied, d'un mollet, d'un genou, etc., avec une certaine régularité. Si je me perds, ce n'est pas grave. Il faut trouver le bon rythme. Au bout d'un moment, l'esprit s'est apaisé, je peux percevoir mon corps dans un seul regard.

Si je suis très agité, il faut passer assez rapidement d'un lieu à l'autre. Plus je suis calme, plus je vais m'y attarder.

PRATIQUE 2 : *Accrocher les sons dans une grande sphère*

J'écoute tous les bruits qui viennent à moi.

Dans un premier temps, je peux nommer ce que j'entends : la ventilation… l'autoroute… les petits oiseaux… les talons de la voisine du dessus…

Puis, avec les yeux fermés, je m'imagine dans une grande sphère où j'accroche les sons là où je les entends, loin ou proches, haut ou bas, à droite ou à gauche, sans les nommer. Je regarde juste où ils sont dans la sphère. J'essaie d'avoir une perception globale de tout à la fois. Quand je saisis tout à la fois, mon esprit ne peut plus être agité par mes pensées : l'espace est entièrement occupé.

PRATIQUE 3 : *Vision périphérique*

On travaille sur la vision large, qui est une belle métaphore de l'éveil…

Je regarde le lieu où je me trouve, et je nomme toutes les choses que je vois… Cela peut prendre un certain temps. Ensuite, je vais juste poser mon regard sur une des choses, sans dureté et sans effort, avec un regard un peu vague. Pendant tout l'exercice, je laisse le regard posé sur cet objet ; je vais déplacer l'attention, mais pas le regard dans le champ visuel, et prendre conscience d'autres objets du champ périphérique.

On est souvent étonné de la taille de ce champ visuel. L'éveil, c'est un peu une vision périphérique, mais à tous les niveaux à la fois.

PRATIQUE 4 : *La posture de l'algue*

Je vais réveiller l'algue en moi. Je mets mon tuba et j'entre dans l'eau. Je laisse tomber la contemplation

des beaux poissons mentaux qui passent et je pose mon attention sur mon corps.
Je sens comme mes deux pieds sont accrochés au rocher. Pas moyen de les décrocher, cela me donne une bonne stabilité.
Ma tête est comme le flotteur de l'algue, elle est pleine d'air et elle est attirée vers le haut, en allongeant tes cervicales et même toute la colonne.
Entre la tête qui monte et les pieds accrochés au rocher, tout est mou, caoutchouteux. Je me laisse porter par l'eau et ses courants très doux. Je porte attention à mon corps depuis l'intérieur, j'explore tous les lieux intérieurs de façon à ce que plus rien ne soit rigide.
En bougeant légèrement le corps, il devient de plus en plus conscient.

PRATIQUE 5 : *La respiration de la méduse*
Je m'imagine être une belle méduse qui flotte dans l'eau.
Lorsque j'inspire, je sens la respiration qui fait enfler tes côtés, comme si la cloche de la méduse se gonflait de tous les côtés. Je peux élargir tes bras pour accompagner le mouvement.
Avec l'expiration, je me propulse vers le haut en rapprochant les bras du corps.

PRATIQUE 6 : *La méditation des Jollien*

A Il existe des tonnes de manuels de méditation. En Corée, un jour, les enfants ont guidé une méditation. En voici quelques étapes :

1. Comme Kannon, le bodhisattva Avalokiteshvara, version japonaise, qui, dit-on, s'est éveillé en écoutant les bruits du monde, tendre l'oreille aux sons, à ce qui nous environne sans étiqueter, sans juger. Voir que l'on commente sans cesse.
2. Tentation est grande de méditer dans son coin, replié dans son moi. La spiritualité a pour vocation de nous ouvrir. Se rappeler qu'ici et maintenant, des millions de personnes font l'amour, des hommes, des femmes, des enfants apprennent qu'ils ont une maladie, d'autres meurent dans la brutalité des guerres ou dans la solitude d'une chambre d'hôpital. S'unir, rejoindre l'humanité, tous les êtres vivants.
3. S'ancrer dans le corps, dans chaque parcelle de ce véhicule divin, de ce temple de l'esprit, de cet instrument de vie.
4. Regarder passer les nuages. Super pratique qui, mal comprise, n'est qu'un jeu mental. Elle rejoint l'intuition des cinq méthodes de Tilopa : « Ne pensez pas, ne réfléchissez pas, ne connaissez pas, ne méditez pas, n'analysez pas. Laissez l'esprit tel qu'il est. »

5. Se *désidentifier* de nos pensées, voir que nous sommes infiniment plus grands que notre mental.
6. Descendre au fond du fond, habiter le silence, oser un grand plouf dans la confiance. Vivre à partir de ce fond.

PRATIQUE 7 : *Prendre soin du corps*

A «De ton corps, de ton âme et d'autrui, tu prendras grand soin!» Cette intuition est née à Séoul, au cœur d'un bain public tandis que je barbotais dans l'eau, j'ai contemplé un vieillard qui se lavait. Chacun de ses gestes était empreint de respect, sacré. Pratique pour habiter le quotidien… La spiritualité s'étend à tout l'être, à toute l'existence.

PRATIQUE 8 : *Des pensées au quotidien*

Dans *Humain trop humain*, Nietzsche invite à se demander chaque matin à qui ce jour-là on peut faire plaisir. Excellent moyen de se décentrer! Bâtir, selon les vœux de Chögyam Trungpa, une société éveillée, appelle du concret. Aujourd'hui, que puis-je faire pour soulager la souffrance? Pour aider, pour épauler et prêter main-forte? Poser des actes, précis.

Dès le réveil, inscrire sa vie dans une dynamique. Les philosophes antiques se percevaient comme des progressants. S'interroger, ici et maintenant, sur quel terrain nous pouvons avancer. Même un mourant peut progresser…

Parfois, quand je suis complètement crevé, je fonce au lit et laisse disparaître mon petit moi, mes obligations. *Je fais le cadavre*. Repérer les vernis sociaux, voir que le monde peut très bien tourner sans les agitations de l'ego, prendre conscience que je suis infiniment plus que mes actions, que mes actes, voilà la cure.

PRATIQUE 9 : *Non-fixation*

Pratiquer à la *Houei-Neng*, la non-fixation… Cent fois, cent mille fois par jour, laisser passer… La colère me traverse, je laisse passer, la tristesse me gagne, je laisse passer. Maître Eckhart ouvre, lui aussi, le sentier du non-attachement, s'oublier soi-même, le monde, jouir sans se fixer…

PRATIQUE 10 : *Micropratiques*

À un arrêt de bus, dans une file d'attente, à la caisse du supermarché, oser des miniretraites, descendre au fond du fond, quitter le vernis social, goûter au grand plouf.

5.3. Dix auteurs que l'on peut lire

A À part nos merveilleux livres, quelles lectures conseiller pour faire route ? [Rires.]

L Déjà, j'aimerais dire un truc tout bête : la spiritualité est simple et accessible, alors si un auteur me vend quelque chose que je ne comprends pas ou qui me semble compliqué, il vaut mieux passer son chemin. Si ce n'est pas clair, ce n'est pas parce que je suis mauvais, ou bête, ou inculte. C'est parce que l'auteur ou le traducteur n'ont pas compris grand-chose. Le bon auteur, c'est celui qui me donne l'impression d'être intelligent.

A Quels penseurs chrétiens conseillerais-tu ?

L Moi, j'ai un faible pour les textes de première main. Les commentaires de commentaires m'agacent, car ils ne vont pas à l'essentiel : ils diluent parce qu'ils n'ont parfois pas compris. Pour entrer dans la pensée de maître Eckhart, il y a *L'Essentiel de maître Eckhart en 13 sermons* et les *Traités* qui sont accessibles. *Le Nuage d'inconnaissance* d'un anonyme anglais de la fin du XIVe siècle est très simple, une fois qu'on a pris du recul par rapport à l'ancienneté de la langue.

A Dans l'univers infini du bouddhisme, ces livres m'ont énormément éclairé : *Le Soutra du diamant*, *Le Soutra de l'estrade* de Houei-Neng. Et bien sûr *L'Entraînement de l'esprit* de Trungpa. *Esprit zen, esprit neuf* de Shunryu Suzuki partage super bien le goût du zen.

L Il y a de nombreux livres qui parlent du zen. Le zen est cette pratique méditative issue du bouddhisme et ayant marqué profondément la culture japonaise. Pour casser l'intellect, les auteurs du zen ont souvent employé des phrases qui défient toute logique ou très provocatrices. Le meilleur livre que j'ai jamais lu sur le zen est écrit par un maître zen, Shodo Harada et s'appelle *How To Do Zazen*, il est très court et pas forcément facile à se procurer, mais il y a tout : le but du zen et l'essentiel de la pratique.

6

Notices bibliographiques des auteurs cités

Les auteurs sont présentés selon leur ordre d'apparition dans le livre.

Maître Eckhart (1260-1328). Religieux dominicain allemand, grand enseignant de la spiritualité dite « unitive » qui vise l'union à « Dieu » en vidant le temple de l'esprit de soi-même et des représentations. Connu par ses sermons et ses traités, il décape nos idées sur Dieu pour nous conduire au fond du fond.

Chögyam Trungpa (1939-1987). Maître spirituel tibétain, fondateur excentrique de plus d'une centaine de centres de méditation dans le monde, Trungpa dessine une voie qui libère de tout attachement et invite à bâtir une société éveillée. Le suivre, c'est embrasser la carrière de bodhisattva, s'engager pour les autres.

Friedrich Nietzsche (1844-1900). Penseur tragique aux épaisses moustaches, Friedrich Nietzsche enjoint à philosopher à coups de marteau. Brisant idoles et préjugés, il exige de son lecteur l'abandon des illusions et un grand « oui » à l'existence. Parmi ses œuvres, citons *Ainsi parlait Zarathoustra*, *Par-delà bien et mal*, *Le Gai Savoir*. Ce guide absolu, malade, gagné par une folie nous initie à la grande santé. Lumineux !

Baruch Spinoza (1632-1677). Philosophe néerlandais d'origine juive portugaise, Spinoza dégage une autoroute vers la béatitude. Dans son *Éthique*, il révèle les mécanismes de la passion et de l'aliénation pour nous guider direct à la joie, à l'acquiescement de soi et au monde tel qu'il est. L'*Éthique*, son chef-d'œuvre, rigoureux et exigeant, est une voie sans détours vers la liberté.

Socrate (470-399 av. J.-C.). Souvent présenté comme un va-nu-pieds athénien, Socrate pratique la maïeutique, il accouche les esprits, traque les préjugés, invite son interlocuteur non à vivre mieux, mais à vivre meilleur. Le suivre, c'est penser par soi-même, aiguiser son sens moral, oser une existence authentiquement philosophique.

Henri Le Saux (1910-1973). Moine bénédictin parti en Inde pour fonder un « ashram chrétien » avec le père Jules Monchanin, puis devenu « moine errant » à la manière indienne, tout en gardant ses racines chrétiennes.

Ramana Maharshi (1879-1950). Maître indien de la voie de la non-dualité (Advaïta Vedanta). L'un des plus grands sages indiens, très connu en Occident. La question centrale de Ramana est : « Qui suis-je ? », pour sortir de l'illusion de l'ego et entrer dans la conscience du « je » réel.

Arnaud Desjardins (1925-2011). Réalisateur de films documentaires sur la spiritualité dans le monde, il se forme auprès d'un maître indien, Swami Prajnanpad, et fonde différents ashrams en France, conjuguant spiritualité et psychologie.

Aristote (384-322 av. J.-C.). Génial disciple de Platon, Aristote est un expérimentateur. Il s'intéresse à tout et, en particulier, à la vie bonne. Dans *L'Éthique à Nicomaque*, il traite du bonheur et des vertus. L'homme est un animal social. C'est ensemble que la félicité se vit.

Sigmund Freud (1856-1939). Médecin viennois, inventeur de la psychanalyse.

Ignace de Loyola (1491-1556). Prêtre et théologien canonisé par l'Église catholique, fondateur de l'ordre de la Compagnie de Jésus, sorte de milice créée pour arrêter l'hémorragie causée par la Réforme et ramener les fidèles dans l'Église catholique.

Thérèse d'Avila (1515-1582). Religieuse carmélite espagnole. Grande mystique, elle mène « ses filles » sur le chemin de la spiritualité dite « affective » qui recherche la relation amoureuse avec Dieu.

Marguerite Porete (1250-1310). Religieuse du milieu des béguines, auteur d'un livre dont le titre complet est *Le Miroir des âmes simples et anéanties et qui seulement demeurent en vouloir et désir d'amour*. Elle fut brûlée pour une hérésie qui n'existait que dans la tête de ses accusateurs. La proximité avec la pensée d'Eckhart pose la question de leur éventuelle rencontre dont nous n'avons aucune trace.

Mathilde de Magdebourg (1207-1283). Femme du mouvement des béguines dont il nous reste un livre de réflexions, de visions, de poèmes, etc., de tout premier plan qui couvre toute sa vie.

André Comte-Sponville (1952-). Philosophe se décrivant comme matérialiste, rationaliste et humaniste. Il propose une métaphysique matérialiste, et une spiritualité sans Dieu.

Le **Pseudo-Denys l'Aréopagite** (vers 500). Moine anonyme, peut-être copte, auteur d'ouvrages essentiels pour la mystique « unitive », très lus pendant le Moyen Âge. Son *Traité de théologie mystique* est sous-jacent chez Eckhart.

Ǧalāl al-Dīn Rūmī dit « **Rûmî** » (1207-1273). Poète et mystique persan ayant fortement influencé le soufisme. Il est connu pour ses *Odes mystiques* d'un lyrisme somptueux.

Karl Marx (1818-1883). Philosophe, historien et économiste. On lui doit le fameux *Manifeste du partie communiste* et le volumineux *Le Capital*. Cet auteur de génie nous livre une critique du *dieu argent* et offre des outils d'émancipation. Son étude du fétichisme de la marchandise propose de véritables clés pour le monde quotidien. Nul besoin d'être marxiste pour lire avec fruits ce philosophe majeur du XIXe siècle.

Angelus Silesius (1624-1677). Poète et mystique allemand connu entre autres pour son *Pèlerin chérubinique*, recueil de poèmes très inspirés de la mystique « unitive », dite aussi « négative ».

Michel Serres (1930-2019). Philosophe et historien des sciences français.

Boèce (480-524). Philosophe et poète qui a eu une énorme influence dans la transmission de la philosophie antique. Son chef-d'œuvre, *La Consolation de la philosophie*, est écrit dans sa geôle où, condamné à mort par Théodoric le Grand, il attend sa fin. Il dessine un art de vivre en sollicitant tous les outils spirituels de la philosophie antique et du christianisme.

Marc-Aurèle (121-180). Le philosophe empereur, une des gloires de l'école stoïcienne, déploie tout un arsenal thérapeutique. Dans *Pensées pour moi-même*, il prodigue une médecine de l'âme pour trouver la sérénité au cœur du monde. Il chasse les opinions vides et tout ce qui enchaîne l'esprit. En sa compagnie, l'âme prend véritablement son envol.

Cyprien de Carthage (200-258). Évêque de Carthage considéré comme l'un des grands penseurs chrétiens des origines, juste après Augustin.

Mircea Eliade (1907-1986). Historien des religions et de la mystique, d'origine roumaine.

Jack Kornfield (1945-). Moine bouddhiste américain de tradition Vipassana.

Etty Hillesum (1914-1943). Auteure d'un journal intime, cette femme d'origine juive marquée par la mystique périra à Auschwitz. Dans *Une vie bouleversée*, ce génie de la spiritualité nous donne une leçon de courage et d'acceptation à mille lieues de la résignation et du fatalisme.

Paul Ricœur (1913-2005). Philosophe français s'étant intéressé à la phénoménologie et à l'herméneutique biblique, cherchant à rapprocher philosophie et religion.

Daniel Odier (1945-). Écrivain et enseignant du shivaïsme cachemirien, il prône une voie directe et personnelle.

Sénèque (4 av. J.-C.-65 ap. J.-C.). Homme d'État romain, philosophe stoïcien et dramaturge. Dans *Lettres à Lucilius*, ce fin psychologue délivre son ordonnance pour s'avancer vers l'apaisement, accepter le réel et découvrir la sérénité au cœur d'un monde troublé. Pharmacopées hyper-précieuses, mine d'or pour qui cherche l'*ataraxie*, l'absence de trouble.

Houei-Neng ou **Huineng** (626-713). Sixième patriarche du Ch'an (zen). C'est en entendant les paroles du *Soutra du Diamant* que cet illettré de génie a atteint l'éveil. Dans un discours retranscrit dans *Le Soutra de l'estrade*, Houei-Neng dispense sa méthode, la non-fixation. Ne jamais se figer, ne jamais rigidifier…

Siddhartha Gautama. Le Bouddha.

Erving Goffman (1922-1982). Sociologue canadien, son champ d'exploration a été l'interactionnisme symbolique. Ses analyses de la vie quotidienne et de ses mises en scène sont une véritable école de libération. Combien de masques nous définissent ? Que pèse le regard de l'autre ? Goffman s'est aussi penché sur les discriminations dans un livre magistral, *Stigmate*.

Pierre Bourdieu (1930-2002). Sociologue français. Critique des déterminismes sociaux et des médias, Bourdieu est une immense figure de la sociologie française. Il a abordé la théorie des champs sociaux et notamment les influences qui pèsent sur les acteurs d'une société. On le connaît entre autres pour son concept d'*habitus*. Grand pourfendeur des inégalités sociales, Bourdieu n'a jamais hésité à s'engager. Sa sociologie est un sport de combat.

Tilopa (988-1069). Maître indien du bouddhisme tantrique, l'un des fondateurs de l'école Kagyu. Il nous a laissé ses fameuses cinq méthodes ; « Ne pensez pas, ne réfléchissez pas, ne connaissez pas, ne méditez pas, n'analysez pas. Laissez l'esprit tel qu'il est. »

Plotin (205-270). Philosophe gréco-romain qui réinterprète Platon et Aristote. Il a influencé le Pseudo-Denys et, à travers lui, maître Eckhart. Dans les *Ennéades*, il dessine le retour de l'âme vers l'Un. Plotin nous encourage à nous sculpter nous-mêmes pour nous dégager de ce qui nous plombe.

Arthur Schopenhauer (1788-1960). Philosophe allemand inspiré par Platon, Kant et les textes de l'Inde. Le philosophe de Francfort, sorte de « bouddhiste allemand », voit dans le monde un vouloir-vivre aveugle qui nous plonge dans l'insatisfaction. Sa thérapeutique consiste à quitter l'égoïsme, nourrir la compassion et passer en mode contemplatif.

Jean-Jacques Rousseau (1712-1778). Écrivain, philosophe et musicien suisse. Jean-Jacques Rousseau nous a laissé sa célèbre théorie du contrat social. Pionnier en matière d'éducation, sa fameuse idée est que l'homme naît naturellement bon et c'est la société qui le corrompt.

Shunryu Suzuki (1904-1971). Maître du zen Soto ayant introduit le zen aux États-Unis.

Shodo Harada (1940-). Maître zen de l'école Rinzai. Écrivain et calligraphe.

Table des matières

Création graphique et mise en pages : Soft Office

Achevé d'imprimer en septembre 2024
sur les presses de la Nouvelle Imprimerie Laballery
58500 Clamecy
Dépôt légal : septembre 2024
N° d'impression : 408623

Imprimé en France